在教育生涯中遇见美好的自己

张丽 著

中国海洋大学出版社

·青岛·

图书在版编目(CIP)数据

在教育生涯中遇见美好的自己 / 张丽著. —青岛：
中国海洋大学出版社，2024.5
ISBN 978-7-5670-3868-4

Ⅰ.①在…　Ⅱ.①张…　Ⅲ.①教育工作　Ⅳ.①G4

中国国家版本馆 CIP 数据核字(2024)第 105674 号

出版发行	中国海洋大学出版社		
社　　址	青岛市香港东路 23 号	**邮政编码**	266071
出 版 人	刘文菁		
网　　址	http://pub.ouc.edu.cn		
电子信箱	502169838@qq.com		
订购电话	0532-82032573(传真)		
责任编辑	由元春	**电　　话**	0532-85902495
印　　制	日照日报印务中心		
版　　次	2024 年 5 月第 1 版		
印　　次	2024 年 5 月第 1 次印刷		
成品尺寸	170 mm×230 mm		
印　　张	9.25		
字　　数	160 千		
印　　数	1—1000		
定　　价	49.00 元		

　　17 岁的我,毕业后来到家乡的一所学校任教,立志"做学生的知心朋友,做一位快乐的老师"。工作的前 15 年,我从一名班主任到学校教务主任,再到校长,感受了各个岗位的职责。由于家庭方面的原因,加上自己也特别热爱教学工作,在学校的管理和教学中,我选择了教学。于是,我从工作的第 16 年开始重拾班主任工作和小学数学教学工作,这让我再一次感受到了教育的魅力,让我再一次享受了和孩子们在一起学习、共同成长的美好时光。工作中,我运用教育理论剖析实践中的做法、问题,总结经验教训,不断反思提炼。

　　本书在记录个人教育生涯和教师成长轨迹的同时,也展现了本人教育理念和教育精神的构建和教育方略的探究路径。

　　向大国良师学习。大国良师要有为师的大格局,要胸怀祖国、心系人民;既要立足当下,也要着眼未来;既要扎根本土,也要放眼世界。大国良师要有从教的大境界,要有育人的大智慧,更要有理想信念、有道德情操、有扎实的学识、有仁爱之心。新时代,要大力弘扬师德高洁、师能精湛、师艺智慧的先生之风,努力做有扎实学识、师能精湛、师艺智慧的教师,努力成为"学为人师,行为世范"的教育工作者。

目录

教育管理篇

守初心担使命，怀匠心育桃李。1997年7月，我从师范学院毕业，被分配到我的母校——颜庄一中，担任初一二班班主任并承担数学学科的教学工作，凭着自己的努力和对教育事业的热爱，我的各项工作赢得了学校领导的认可。到了第二年，学校立项了一个课题，领导让我担任两个班的班主任并参与课题。刚开始，我是吃不消的，两个班的学生让我无法兼顾。通过向老教师请教，查阅有关书籍，我静下心来理思路，组建班委会，做到分工明确。我每天坚持反思自己的工作，及时找学生谈话，一年下来，两个班齐头并进，各项活动都名列前茅，我的工作再一次得到了领导、同事、家长、学生的认可。

做最好的自己，也做好领路人。2002年8月，镇教办组织学校中层干部竞选，我竞选为学校教务主任，这对于我来说是一个新的起点。工作中我兢兢业业、任劳任怨，认真完成学校交给的各项任务，学校教学常规、教学秩序有条不紊，教学质量有了大幅度提升。

工作者是美丽的。2008年9月，组织把我调到颜庄中心小学担任校长，那年我28岁，孩子刚满1岁，当时我有点担心，心想：这个活，年轻的我能干了吗？我担心自己不能胜任，领导说："共产党员要服从组织安排！"一句话让我意识到，我是党员，要服从组织安排，党交给的任务再难也要完成。

厚植教育情怀　践行使命担当

踔厉奋发，勇毅前行，守好初心，做"有情怀、有温度、有智慧、守规矩"的教育人。

2008年9月1日，我忐忑不安地走进了新的工作单位颜庄中心小学。这是我的母校，我的童年就是在这里度过的。领导派我来，我一定认真学习，好好工作，把家门口的学校办成让家乡人满意的学校。当时年轻，有一股初生牛犊不怕虎的劲头。到了学校我就开始思考，学校里有的是我的老师，有的是我的前辈，这工作应该怎么开展？

校长有怎样的格局，学校就是什么样的气象。作为领路人，校长要带好团队，更要做好自己。因为当时学校的负责人全部调离，一个多星期以后，我们组建起新的校委会。校委会组建后，迫在眉睫的任务是思考学校应该向什么方向发展，怎样发展。于是我们以问卷调查的形式征询教师的意见，经过共同商讨，形成了学校"以人为本　享受教育　尊重个性　全面发展"的办学理念，树立了"让每个孩子享受成长的快乐，让每个孩子绽放生命的精彩"的教育信条。学校实行精细化管理，教师在平时的工作中把"奋斗就是乐趣　务实就是作为"这句话作为自己的行动准则，真正做到了奋斗、务实。

苏霍姆林斯基说："有怎样的校长，就有怎样的学校。"在第一次开例会的时候，我对学校的领导班子成员说，班子成员要严格要求自己，以身作则，靠自身的品质能力、人格魅力、出色的工作赢得教师的认可，只有这样，我们才能带领教师们干好学校的工作。校长任期是四年，四年来，我和教师们齐心协力，把学校办成了镇上的榜样学校。我们的学生升入初中之后，中学的老师传来佳话：颜庄中心小学的学生个个顶呱呱，我觉得这是对我们工作最大的认可。任届期满，我代表领导班子述职时，几次哽咽，最后直接说不下去了，回想这几年走过的路,各种酸甜苦辣涌上心头。

用拼搏与奉献,用智慧与大爱,我们创造了一个又一个教育"奇迹"。

自 2008 年 9 月以来,学校始终以提高教育教学质量为中心,学校各方面工作都取得了可喜的成绩,书写了颜庄中心小学历史上的又一辉煌篇章。

2008 年 9 月,学校硬化了校门口地面和南北过道,把原水龙头进行改装,铺设了下水槽。10 月,清理了教学楼后的垃圾,增设了乒乓球台,把原来脏乱差的地方变为学生活动的场地;清除原来的三家小卖部,并把三个后门全部关闭,优化了学校环境,排除了安全隐患。

2009 年,学校教学楼走廊和各班级完成校园文化和班级文化的建设;各办公室增设了饮水机,解决了教师的饮水问题。

2010 年 7 月,学校钢窗全部更换成铝合金窗,排除了安全隐患,美化了校园;每个班级安装电子白板一套,方便教师上课使用;教师更换了微格桌,方便办公。

2011 年,教师实现人手一机,方便教师查阅资料。7 月,学校教学楼进行加固,增加安全系数。10 月,新建水冲式厕所,从而改善办学条件,优化育人环境。

随着教改的深入,我校教师逐步成长起来,教育教学频传捷报。数名教师多次在市教学业务技能大赛中、区课堂教学基本功比赛中、市电化教学优质课评比中获奖,多名教师被评为区教学工作先进个人、优秀教师、班主任先进个人,多名教师的论文、科研成果、教学案例、多媒体课件制作、多媒体优质课等在各级评选中获奖。

学生在各级单位组织的科技小制作、诗文朗诵、讲故事、演讲比赛等活动中取得了较好的名次。学校各年级期末检测成绩位居全镇前列,2009 年被评为莱芜市教学示范学校,同时被评为区、镇教学工作先进单位。

作为颜庄镇的一所窗口学校,我校也发挥了应有的辐射带动作用。学校曾多次接待同乡镇的学校管理人员参观交流。2010 年,颜庄镇教育管理现场会在我校召开,师生精彩的现场活动、学校精细化的管理,得到了与会人员的高度赞赏。

我们深知,只有建设一个团结、民主、开拓的领导班子,才能赢得教职员工的信任和支持,从而有效推动工作的开展。学校领导班子通过推进党风廉政建设,严格执行民主集中制,狠抓干部队伍的建设,依法行政,在群众中树立了"团结、廉洁、开拓"的形象。

教师队伍是一个学校发展的根本,提升教师队伍的内涵,是学校发展的重中之重。我们在加强教师队伍建设方面做了大量工作。

一是加强师德师风建设,强化教师行为规范。教师在师德师风方面的问题是社会关注的焦点和热点。在日常工作中,不管是全体教职工的政治理论学习还是教研组的交流,不管是教职工大会还是个别谈话,话题都离不开师德、师风、师心。大到顾全大局、为学校发展争光,小到纠正教师的教育教学行为,目的就是要规范师德师风。为此,我们还举行了教师师德演讲活动,加强教师的师德建设。

二是抓实教研活动,提高教师专业化水平。首先,我们扎实进行了以教研组为单位的学科交流活动,加大了骨干教师和年轻教师的培养力度。通过开展"青年教师教学素质展示""骨干教师观摩课""汇报课"等形式多样的活动,真正提高每位教师的授课水平与工作能力。其次,加快建设教师反思工程。以省远程网络研修为契机,加强教师的博客建设,通过组织教师写教学后记、教育随笔、教学案例、教育日记等形式,让每位教师关注自己的教学过程和效果,反思自己教学中的不足。再次,加强网上集体备课,从 2010 年开始,我们开始网上交流、网上研讨、网上集体备课。我们把网上集体备课与学校的普听一节课、教研组教研活动结合起来,此活动的开展提高了教师的授课水平,也提高了学校的教学水平。最后,在专业提升中提高教师的综合素质。学校利用有限的教师资源,由相关学科教师任指导教师,对全体教师进行简笔画、乐理知识等专业的培训,把注重教师能力的培养转变为能力的培养与精神的丰富相结合、实用与娱乐相结合,让教师的专业拓展更显实效。教师积极参与专业拓展培训活动并享受其中。

三是进行班主任培训,提高班主任专业化水平。为加强对班主任的培训和指导,学校购买了很多有关班主任工作的书籍。我们有计划地组织了一系列班主任培训,进一步提高了班主任对本职工作的认识,提高了班主任对班级管理的能力。就工作中的实际问题,我们开展了班主任论坛,细化班主任论坛的内容,及时总结经验、发现问题,树立典型、以老带新,使班主任这个队伍快速发展。

四是关心教职工，凝聚师心。学校领导从关心教职工的工作与生活入手，通过为教职工办实事，达到凝聚师心、提高师德师风的目的。在教师或教师家属遇到困难时，校领导会第一时间安排探望慰问，积极为教职工排忧解难。为了使教职工放松身心，每年的"三八"妇女节、教师节、元旦等节日，学校都要举行丰富多彩的活动，让教师在丰富的团队活动中享受生活。翻开我们的活动相册，每次活动的场景都历历在目，想想真是幸福。

"在活动中获得成功，在体验中获得成长。"学校特别注重在学生中开展丰富多彩的团队活动，让学生在活动中快乐健康成长。我们确定了"以活动为载体，促进学生全面展"的育人宗旨，学校一手抓学生日常行为规范的养成教育，保证了学校正常的教学秩序；一手抓学生发展平台的搭建，让学生在活动中锻炼，在锻炼中提高，在提高中发展。学校在突出特色，继续抓好养成教育的同时，不失时机地、阶段性地开展了主题鲜明、内容丰富、形式多样的系列教育活动，寓教于乐，既陶冶了学生的情操，又培养了学生的特长与能力，提高了学生综合素质。

安全工作是学校教育教学工作正常进行的现实保障。我们始终坚持安全至上，做好安全教育。学校通过校会、班会、黑板报加大宣传力度，对交通、食品卫生、用电、防火等教育指导，让学生掌握自救、自护的基本常识；组织学生收看专题教育片，开展紧急疏散演练；通过家长会、校讯通及时与家长沟通，进一步加强安全教育工作。

学校扎实开展常规活动，如写字课、社团活动、广播体操、眼保健操比赛、重大节日实践活动、值周活动、毕业典礼。

学校非常注重师生的基本功训练，在各年级开设写字课，把每天下午第一节课的前15分钟拿出来作为全校师生练字的时间；对教师进行培训，提高教师的书写水平；举行师生习字比赛，举办优秀作品展览。通过这些措施，提高了师生的写字兴趣，师生写字水平也有了很大提高。

学校根据学生的需求、教师的特长及本校实际情况，陆续成立了朗诵、口风琴、合唱、英语口语交际、健身操、竖笛、十字绣、剪纸、绘画、象棋、书法等社团，将每年的"六一"儿童节作为社团活动展示日，邀请家长参加并进行评议。

每学期,学校都会开展广播操比赛、眼保健操比赛等活动。冬季开展长跑活动。2010年4月,学校成功组织了运动会,从此之后,每年一届的春季运动会都会如期举行。

学校每年都结合重要节日、纪念日组织宣传教育和实践活动。例如,三月份开展"雷锋月"系列活动;六月份举行少先队员入队仪式;十月开展"我爱祖国"歌咏比赛等。同时,继续开展文明礼仪主题教育与"良好行为月"活动。这些活动载体丰富,针对性强,既弘扬了民族精神,又增进了爱国情感,提高了道德素养。

开展班级值周活动,实施自我管理,自我教育。学生参与值周,参与学校管理活动,可以体验服务他人、参与管理的快乐。通过值周活动,学生提高了自己的管理能力与处理突发事件的能力,也让学生树立了"学校是我家,文明靠大家"的主人翁意识。

为了给学生留下美好的回忆,我们每年为五年级的毕业生举办毕业典礼暨汇报演出。老师和学生自编自演的节目感动着在场的每位观众,赢得了师生和家长的阵阵喝彩。每年一届的毕业典礼给学校留下了美好印象,加深了他们对母校的情感。

每学期,学校都会举行书香校园建设系列活动,如"我与书"读书征文活动,美文诵读比赛,"阅读之星"的评选、书香家庭的评选等。学校统一购买书橱,为每个班级建立了爱心书吧。爱心书吧里的书,有一部分是学校采购,有一部分是名师捐赠。为了引导学生喜欢读书,学校为每个班级设置了"读书大擂台"的展牌,由语文老师进行评价。为及时检查学生的阅读情况,学校统一印制了读书小脚印,学校教导处及时督促检查,学校定期进行评比。目前,"爱读书,读好书"的好习惯已在我校蔚然成风。

在成绩的背后,我们也清醒地看到学校的管理制度还有待进一步完善,我们的教育教学理念也还需要不断更新,诸多不足也影响了学校的科学发展与素质教育的实施。我们将在今后的工作中扬长避短,开拓创新。

在平凡的岗位上为国家培养人才,促进教育高质量发展。四年来,为了学校的发展,老师们吃了不少苦,受了不少累,也做了不少事。我特别感谢我的同事,感谢他们的合作,感谢他们的理解与支持,感谢他们为振兴学校所做出的努力和贡献。另外,特别感谢校委会成员对我工作的支持和帮助,我们就是相亲相爱一家人,遇事一起想办法,取得的诸多成绩离不开我们的团结。当校长的这几年,我的确成长很快,这个工作锻炼了我的管理能力,提高了我的综合素质。但是,由于孩子要上一年级,公公婆婆身体也不好,学校离家较远,所以我申请辞去校长职务,调入离家较近的学校工作,以便照顾老人和孩子。

坚守教育初心　创新班级管理

　　学生时期，看着讲台上侃侃而谈的老师，我无限崇敬。那时我就想，长大后也做一名老师。那时，做一名人民教师的念头在我幼小的心里生根发芽。

　　小时候，

　　我以为你很美丽，

　　领着一群小鸟飞来飞去。

　　小时候，

　　我以为你很神气，

　　说上一句话也惊天动地。

　　长大后我就成了你，

　　才知道那间教室，

　　放飞的是希望，

　　守巢的总是你。

　　长大后我就成了你，

　　才知道那块黑板，

　　写下的是真理，

　　擦去的是功利。

　　……

　　"长大后我就成了你，才知道那个讲台，举起的是别人，奉献的是自己……"一首曲调优美感人的《长大后我就成了你》，用教室、黑板、粉笔、讲台等意象深情赞颂了人民教师教书育人、无私奉献的高尚情怀。

　　小时候的教师梦，没有随着岁月流逝而变淡，反而更加浓郁。老师，我成了你，也成了我自己，成了更好的自己。

不忘教育的初心，重拾班主任工作。2012年我调入新兴路学校，担任一年级一班的班主任。说实话，这个岗位对我来说是一次挑战。为什么这么说呢？因为我从来没当过小学班主任，真不知道从何下手。刚开学前几天，我手忙脚乱，53个孩子让我眼花缭乱。记得开学第一天，李老师带着六个班的学生参观校园。我带的班到了学校旗杆前就乱了，我一看场面失控，于是就带着学生打道回府了。回去后，我自己也在琢磨、反思，毕竟九年不当班主任了，已经不熟悉这项工作了。于是，我就向办公室的老教师请教，向其他年轻班主任学习。我坚持每天写反思，记录下每天发生的事以及自己的处理方法，过了一段时间，感觉自己的班主任工作有了一些思路，也顺利一些了。渐渐地，我对一年级的班主任工作有了兴趣，因为在管理班级的同时，自己也有很多收获，跟学生一同成长，是一件很幸福的事情。接下来我就开始思考，我的班级应该是什么样子的，如何让学生在我的引导下健康快乐成长。几经酝酿，我确定了自己的班级管理理念：让每位学生享受成长的快乐，让每位学生绽放生命的精彩。以丰富多彩的活动为载体，促进学生全面发展。我与这帮"小可爱"从一年级相处到四年级。遗憾的是，后来我怀孕了，没能带到他们五年级。在他们五年级毕业时，我又组织、参加了他们的毕业庆典。毕业庆典上，老师祝福、家长感谢、班长献词、同学表演节目，气氛非常和谐、热闹，为他们的小学生活画上了圆满的句号。

2017年9月，我休产假回来，又接了新的一年级，这次要比第一次带一年级时轻松多了。我在之前班级管理理念的基础上稍做创新和改进，下面介绍一下我的做法。

一、抓好常规工作，创设优良学习环境

纪律卫生是学习的保障。只有把纪律卫生做好了，才能有一个好的学习环境。所以，在常规管理上，我遵循分工负责，责任到人，人人有事干，事事有人干的原则。从早上晨读到下午放学，每个环节都有学生来管理，时间长了，学生就养成一种习惯，老师也就省心了。

二、做好家校沟通，共育学生成长

在一年级第一次家长会上，我对家长说，我们班要成立家委会，协助老师更

好地完成教育教学任务,帮助家长排忧解难,做好沟通。如果你有时间、有爱心、有特长、有能力,请散会之后短信报名,时间截至当晚九点。果然,会后我收到了一些家长的短信,就这样我们的家委会成员确定了。接下来,我又安排时间组织了第一次见面会,每人介绍一下自己的工作、特长,互相了解一下。根据大家的发言,我们现场确定了主任、副主任、秘书长,明确了每个人的职责。我向家委会成员介绍了一下学校的一些常规工作和我自己的想法,也达成了共识,就是齐心协力把这个班带好,带出特色、带出水平。见面会开得很圆满,很成功。有了得力的家委会,很多班级工作就轻松多了。

记得这些学生刚入学不久,我要外出学习一周,当时我在想:学生刚入学不久,习惯还没有建立起来,又有几个特殊学生和几个非常调皮的学生,我走了怎么办?于是,我就设计了一个表格,让学生进行自我管理,由家长监督,为此我特意召开了班会,告诉他们老师要外出学习,请他们自己评价一下自己一周的表现,表现好的在相应的栏内画红色小旗,表现不好的画黑色小旗。老师回来之后,看看哪个同学得到的红旗最多。学生兴致很高,信心满满。我设计的评价表内容有上学不迟到,带好学习用品和水杯;晨读时认真读书,眼手口都要到位;课上不说话,认真听讲,得到老师的表扬;课下不乱跑,不打闹,爱护公物,注意安全;课下先喝水,再上厕所,准备好下一节课的学习用具;文明喝奶,不洒奶,不乱扔包装;放学站队做到快静齐;讲卫生,不乱丢垃圾,看到垃圾主动捡起来;家庭作业认真完成,不磨蹭,注意写字姿势。从早上到校到下午写作业,每个环节都包括在内。通过这种方式,我学习一周返校后,代班老师对我说学生表现都很棒,家长也对孩子的自我管理能力非常满意。我发现这个评价表很好用,所以一年级时就一直坚持每周一评价,每周一总结,学生的行为习惯有了很大的改观。

每学期的家长会,我都会安排不同的学生家长跟大家分享教育孩子的经验,每位家长都愉快地接受,积极认真准备,实实在在地分享自己的教育方法,得到了其他家长的一致好评。

三、创设班级文化,引领学生成长

良好的班级文化能通过一定的形式融入学生学习、生活的各个方面,形成一种良好的、自觉的行为习惯,潜移默化地影响着学生的行为。

我们的中队是"小蜜蜂中队",名字源于我最喜欢的四个字"天道酬勤"!我希望学生能像勤劳的小蜜蜂一样,用辛勤的劳动去收获甜蜜的成果。

我们的笑脸墙在教室最显眼的位置,一走进教室,学生就能看到一张张可爱的笑脸,我跟他们说,如果哪一天不开心,就走到笑脸墙旁边看看可爱的自己,心情一下就会美丽起来。

我们的荣誉墙张贴着学校及各级单位组织的各项比赛的获奖照片,如艺术节书画展、文艺汇演、合唱比赛、象棋比赛,这个荣誉墙的意义在于让学生积极参与各项活动并认真准备,为班级添光彩,增强他们的集体荣誉感。

班级每学期组织一次书法比赛,比赛统一内容、规定时间、统一用纸、统一格式,找评委老师评选出优秀作品张贴在书法墙,供大家借鉴学习。

班级中的"活动促我成长"专栏,记录着学生参加的每项活动的精彩瞬间,每当课间,他们都会驻足观看,骄傲和自豪洋溢在每个人的脸上。另外,班级公约时刻提醒他们遵守约定,养成专心、自律的好习惯。读书角的设计,让学生徜徉在书的海洋里,享受读书的乐趣。我们的荣誉墙激励学生把优秀当作一种习惯,积极为班级增光添彩,为班级做贡献。每项荣誉都将激励学生在以后的学习生活中乘风破浪,扬帆远航。通过劳动教育板块,让学生知道劳动是财富的源泉,也是幸福的源泉,深刻体会劳动最光荣。丰富的班级文化设计使学生一走进教室,就顿觉舒畅、倍感温馨、精神百倍。

四、以活动为载体,促进学生全面发展

让学生在活动中获得成功,在体验中获得成长,这是我们的育人宗旨。通过开展丰富多彩的班级活动,让他们在各类活动中认识自己、评价自己、发展自己、超越自己。

一年级,我们班就举行了庆元旦、庆母亲节、为灾区儿童捐图书、文艺汇演、入队仪式、眼保健操比赛、广播体操比赛、书法比赛、亲子诵读等一系列活动,同时组织班级运动会,增强班级凝聚力;以"培养卓越口才"为依托,开展了讲故事比赛、红领巾讲红色故事比赛、作文读写比赛等活动,学生的语言表达能力有了大幅度提升,综合素质得到了全面发展。学校组织的各项活动,我们班的成绩

也是名列前茅；象棋比赛我们获得了团体第一名；每年艺术节的书画比赛、合唱比赛、文艺汇演，我们班都取得了第一名的好成绩。我们积极组织劳动教育实践活动，采摘苹果、植树活动等，培养学生积极劳动的热情，养成爱劳动的好习惯。同时，开展红领巾义卖活动，队员们在活动中感受到了奉献爱心带来的快乐和幸福。丰富多彩的活动，让学生在活动中体验，在活动中成长。在我的带动和影响下，越来越多的班主任加入我们的团队，学校班主任工作开展得有声有色。我还兼任中队辅导员工作，我所带的中队被评为钢城区"英雄中队"，我个人被评为钢城区优秀少先队辅导员。

精彩纷呈的班级特色活动

刚担任一年级的班主任时我在想,学生刚上小学,这是他们人生的一个新的起点,一定要记录好学生在小学度过的每个节日,如元旦、母亲节,"六一"儿童节,我都认真组织,给他们留下最美好的回忆。

2018年5月11日14:30,我们在教室举行了"妈妈,我爱您"主题活动,40多位妈妈与孩子欢聚一堂,共度欢乐母亲节。这是学生进入小学以来过的第一个母亲节。提早到的妈妈们布置了教室,营造了氛围。活动开始时,我带领学生朗诵"妈妈,您辛苦了",他们用心地朗读,亲手做的礼物感动了在场的每位妈妈,妈妈们的眼睛湿润了。当时,有两位孩子的妈妈没有时间到场,学生很不高兴,我和语文老师江老师每人带一位学生,给了孩子一个温暖的怀抱,孩子激动地喊我们妈妈,我说:"孩子,老师也是你们的妈妈。"在家委会的安排下,大家分享了蛋糕,参与了踩气球活动,把活动气氛推向高潮,大家脸上洋溢着快乐的笑容。一位妈妈说:"这是我过得最难忘、最快乐的母亲节,感谢老师!"

学生进入小学以来的第一个儿童节,当然要好好庆祝了。我们举行了庆"六一"系列活动(包括为贫困山区孩子捐书、入队仪式、文艺汇演等活动)。

2018年5月30日,学校举行了"情暖'六一'"主题活动,我们班的学生共捐赠图书122本,练习本70本,铅笔盒2个,转笔刀1个,书包2个,铅笔80支,橡皮60个,衣服1套。

5月31日上午,我们班46名学生光荣地加入少先队,成为少先队员,小队员们脸上洋溢着自信、自豪的笑容。他们稚嫩的小手举过头顶,庄严地献上自己的第一个队礼,在大队辅导员的带领下庄严宣誓。

6月1日下午放学时,在家委会的安排下,孩子们来到新兴大厦百合厅,共同庆祝盼望已久的"六一"儿童节。他们准备了丰富多彩的节目,独唱、课本剧、舞蹈、模特、电子琴独奏、葫芦丝独奏、古筝独奏。在这里,他们用歌声和笑声度过了一个难忘的节日。

二年级时,我们以"培养卓越口才"为主题,开展了迎中秋、庆元旦讲故事比赛。因为是讲故事比赛学生自愿报名,也是第一次组织,很多学生不够自信,只有7位同学报名。活动结束后,我对积极参与的同学提出表扬并颁发证书。通过这次活动,学生学到了很多知识,受益匪浅。到了庆元旦讲故事比赛时,报名人数达到25人,家长也特别重视,制作了PPT。通过讲故事比赛,学生的表达能力有了大幅度提高,勇气和自信也得到了提升。

2019年3月,我们组织了班级趣味运动会,每位同学抓阄确定分组,我和江老师每人带一队。学生给自己的队伍起了响亮的名字——"无敌强手队""团结胜利队"。运动会第一项是合唱《我和我的祖国》,然后家委会主任宣布比赛正式开始。比赛项目有一分钟跳绳、智力大比拼,这是智力和体力的考验;投沙包游戏考验学生的配合能力;最后一项接力跑,学生跑出了友谊,跑出了风格,家长们也按捺不住进行了一场接力友谊赛。运动会的召开锻炼了学生的身体,磨炼了他们的意志,也增强了班级凝聚力。

2019年的"六一"儿童节,我们举行了一系列活动,有眼保健操比赛、广播体操比赛、书法比赛、亲子诵读比赛、游学,历时一个月的时间。每周五下午是我们的活动时间,丰富多彩的活动是送给学生最好的"六一"儿童节礼物。我们的活动得到了家长们的大力支持,家委会积极组织协调,各项活动有计划、有安排、有过程、结果,提升了班级管理,促进了学生的全面发展。有的老师可能会问:活动影响学生学习吗?其实,只要把每项活动的目的和意义搞清楚,抓好过程、及时总结,不但不会影响学生的学习,反而会促进班级管理和学生的学习。所以我的原则是,只要有利于学生成长的活动我们一定做,并坚持做好。

暑假里,为了让学生过一个充实的假期,记录假期生活,与大家分享假期的收获,我特意安排了暑期特色作业,希望学生根据要求高质量地完成作业,开学后进行特色作业展评。本次作业以手抄报形式展示,使用A4纸制作,存放在透明文件夹里,不能折叠。特色作业包括安全篇、读书篇、数学篇、生活篇、旅行篇、运动篇、兴趣特长篇、歌唱篇。安全篇要求根据本学期安全教育平台的学习,完成两份关于个人安全的手抄报,一份关于防溺水的手抄报。本学期学习的七个安全课程可以都涉及,也可以只挑选几个课程。(课程名称:改掉不良习惯;你会正确洗手吗？如何对待陌生人;与父母走散时;危险游戏莫玩耍;护好身体"小秘密";人多注意踩踏)。读书篇要求根据假期阅读书目,完成一份读书心得手抄报,要求题目自拟、内容自定。数学篇要求根据自己感兴趣的数学知识,查阅资料书或网上信息,完成一份数学手抄报。生活篇要求假期学做一道菜,记录下菜名、做菜过程、注意事项等,附至少两张做菜照片,并在旁边附文字说明。旅行篇要求写明旅行的时间、地点、人员,照片数量根据情况决定,照片尺寸是五寸。运动篇要求记录下喜欢的运动(跳绳、游泳、跑步、打球等)并每天坚持,以照片形式体现,附简短的文字说明。照片尺寸是五寸。兴趣特长篇要求记录假期里进行的兴趣特长学习(乐器、舞蹈、美术、英语、武术、象棋等),以照片的形式体现,附简短的文字说明,照片尺寸是五寸,可另加附页。歌唱篇要求在假期中学唱两首歌,一是爱国歌曲《我和我的祖国》,二是防溺水歌曲《父母在　不野游》。

开学后,学生把特色作业交上来,令我很惊讶,每位同学都做得非常认真、非常精彩,同学间互相欣赏、学习后,我把每位同学的特色作业收藏起来,等他们毕业了,发给他们留作纪念。

"培养卓越口才"是我们一直坚持做的一项活动。三年级时,我记得当时学校布置了一项工作,是"红领巾讲红色故事",由各班推荐一名同学录制音频。恰逢建国 70 周年,我就想以"班级培养卓越口才"为依托,组织这次"我与祖国共成长,争做新时代好队员——红领巾讲红色故事"。之后的每个学期,我们都会举行一次作文读写比赛等活动,学生的语言表达能力有了大幅度提升,综合素质得到了全面发展。

2020 年一开学,由于疫情原因,学生不能如期入校。5 月 27 日学生重返校园,马上迎来了"六一"儿童节。我们开展了丰富多彩的活动,活动分为成长篇、书法篇、分享篇。

"眼睛是心灵的窗户",为增强学生爱眼护眼的意识,提高学生做眼保健操的质量,促使学生养成保护视力、预防近视的良好行为习惯,我们举行了眼保健操比赛。学生每节操都做得很到位,活动取得了预期效果。

为了让学生养成正确的书写习惯,我们举行了书法比赛。书写前,语文老师耐心地讲解了每个字的字形、占格位置和书写格式。学生都写得娟秀、整齐。

复课归来,学生带回来自己寒假整理的作文集,大家互相传看,互相学习。之后,大家把对祖国的祝福,对学校、老师、同学、家人和自己的祝愿写下来,贴在心愿墙上。最后分享了蛋糕,伴着《红红的太阳》一同起舞。

四年级时,学校安排我们班参加济南市第十五届中小学班级艺术节,要求全员参与。我班共46人,当时学校艺术节排练了一个14人的舞蹈节目,还剩下32人如何安排?接到通知后,我就在想,当时打算今年艺术节男生展示武术,那就提前准备吧。我联系教练选拔学生,每天下午四点放学后练习一个小时,他们很努力,短短几天时间节目就基本成型了。这样,一共还有16人没有节目,剩下的女生没能参加跳舞,男生没能参加武术,怎么办?那就来个朗诵吧!我们选择了《读中国》。比赛那天,学生在舞台上表现得特别优秀,得到了与会领导和教师的一致好评。我们班级最终获得了小学组第一名,荣获济南市班级艺术节比赛一等奖、优秀创新奖。

在学校班级文化建设评选活动中,我们班四位小讲解员向领导和老师们介绍了我们的班级文化,获得了一等奖。

我们一起来看看这四位小解说员的精彩解说。

1 号解说员——桑健乐

大家好,欢迎走进四(二)中队。我叫桑健乐,下面我为大家介绍一下我们班这面墙的文化建设。我们的班主任张老师一直秉承"让每个孩子享受成长的快乐,让每个孩子绽放生命的精彩"的教育理念,组织了丰富多彩的班级活动,让我们在活动中成长。看,这是"活动促我成长"展示栏,我们班举行了欢庆母亲节、庆"六一"系列活动,为灾区儿童捐图书、文艺汇演、入队仪式、班级运动会等活动。看,同学们多么开心啊!我们班以"培养卓越口才"为依托,开展了迎中秋讲故事比赛、亲子诵读比赛、红领巾讲红色故事比赛、作文读写比赛等活动,我们的语言表达能力有了大幅度提升,综合素质得到了全面发展。在学校组织的各项活动中,我们班的成绩都是名列前茅:象棋比赛我们获得团体第一名;每年的合唱比赛,我们班都会取得第一名的好成绩;去年我们班参加济南市第十五届中小学班级艺术节比赛,也荣获一等奖。丰富多彩的活动,让我们在活动中体验,在活动中成长。我的介绍完毕,有请茹千溪同学。

2 号解说员——茹千溪

大家好,我叫茹千溪,下面我为大家介绍一下我们班这面墙的文化建设。这是我们的读书角。书犹药也,善读之可以医愚。读书可以使人更充实丰富,拓宽视野,陶冶情操。我们班的书橱里装了大约 200 本图书,这些图书都是同学们从家里带来的好书。同学们平时可以有序地借阅图书,由小组长登记填写借书记录。课下、饭间,你会发现同学们捧着书津津有味地读着,徜徉在书的海洋里。同学们逐渐养成了读书的好习惯,享受读书乐趣。"三入""三零"是我们的:入班即静,入座即学,入学即专;听课零低头,声响零回头,作业零抬头。这个约定时刻提醒同学们遵守约定,养成专心、自律的好习惯。这些文件夹是张老师整理的我们平时活动的照片;这些是我们暑期的特色作业,放在教室里供同学们分享学习,同时也欢迎领导、老师们参观。我的介绍完毕,有请李灿菲同学。

3 号解说员——李灿菲

大家好,我叫李灿菲,这是我们班的荣誉墙,一份份荣誉是一个班集体全力以赴的结果,也是一种精神的诉求、价值的认可,我们把优秀当作一种习惯。我们班的同学团结、向上,有强烈的集体荣誉感,积极为班级增光添彩,为班级做贡献。去年,我们参加了济南市第十五届中小学班级艺术节比赛,我们表演的舞武组合节目"花样年华 舞动新兴"荣获济南市一等奖、优秀创新奖,钢城区优胜班级奖。这份荣誉将激励我们在以后的学习生活中乘风破浪,扬帆远航。我的讲解完毕,有请陈奕博同学。

4 号解说员——陈奕博

大家好,我叫陈奕博,下面我来介绍一下这面墙壁的文化建设。中间的大心形图案,非常引人注目。上面五颜六色的纸片上记录着同学们新学期的打算以及美好的祝福。新的目标,新的希望,把美好的祝福送给你,送给我,送给他。

两边是我们的劳动教育板块,劳动是财富的源泉,也是幸福的源泉,劳动最光荣。我们班的值日生分工明确,扫地、拖地、摆桌子、擦窗台、摆放卫生工具,责任到人,做到人人有事做,事事有人做,创文明洁净快乐教室,做健康积极向上学生。我们开关的旁边有"节约用电,从我做起"的标语,提醒大家学会节约;下方的课程表、值日表是我们的信息栏,前后各有一份方便同学们查看。这就是我们班级的文化建设,欢迎领导和老师们提出宝贵的意见,谢谢!

怎么样?你是否感受到了解说员激情澎湃的解说,有没有被精彩的解说感染到?

五年级的我们,在"六一"到来之际,举行了"喜迎二十大 争做好队员"讲先锋故事主题活动,茹千溪同学带来了《核潜艇之父黄旭华的故事》,朱师瑶同学给大家带来了《平凡英雄 如沐春风》,桑健乐同学讲了《杂交水稻之父袁隆平》,陈奕博同学讲了《喜迎二十大 争做好队员》,田子墨同学讲了《屠呦呦的故事》,马潇逸同学讲了《永不陨落的两弹一星郭永怀》。

"十月一,冬至到,家家户户吃水饺。"冬至有吃饺子的习俗。为了锻炼学生的动手能力,增长他们见识,培养同学之间的合作与关爱之情,班级决定举行劳动教育实践活动——冬至包水饺,让学生在活动中体验劳动的快乐,分享劳动的成果。

各小组自行准备材料(饺子馅、面、餐具、电磁炉、锅、调味品等),每个小组可以有二至三名家长帮助,由各组组长协调安排。各个小组在微信群中讨论具体事宜,做到分工明确,各种工具齐全。活动开始,学生个个有模有样,揉面的、擀皮的、包的,俨然一个个小厨师。现场热闹有序,趁家长们煮水饺的空闲,我带领学生学习了冬至的有关知识,包括冬至的来历、冬至为何吃水饺、古人是怎么过冬至的,让学生对传统节日有了进一步的了解,弘扬传统文化,了解传统习俗及饮食文化。

通过包水饺的实践活动,学生更真切地感受了中国传统节日的内涵,了解了更多劳动技术,如包饺子的方法和馅料的搭配等,进一步锻炼了学生的动手能力和学习能力。本次活动,培养了大家爱劳动的好习惯。暖暖的节日,浓浓的情意,让学生体验了动手分享的乐趣,体验了别具一格的冬至,为每个学生的小学生活留下了美好的回忆。

　　当然,所有工作的开展和一切成绩的取得,都离不开家长的支持与合作,离不开学校领导和任课教师的关心和帮助。我深感自己肩上的担子之重,责任之大。是的！我没有理由懈怠,更没有理由放弃,我能做的就是用我的智慧为学生开启知识的大门,用我的热情为学生搭建成长的平台,用我的爱心去浇灌每朵稚嫩的花儿,让他们能经得起风吹雨打,能绽放得更加灿烂夺目！

每个学生的成长故事都很生动

工作 25 年来，我终于将一批学生从一年级带到了五年级，这是 46 个孩子，46 颗灵动的心。正是这班学生，实现了我的教育理念，践行了我的教育思想。我的学生我的爱，每个学生的成长故事都很生动。

调皮善良的小杨同学

小杨同学，入学报名时去了校长办公室爬沙发。开学报到时，家长跟我说，这孩子很调皮，老师要严格要求。上课时，他时不时地站起来，戳一下前面的同学，弄一下左边同学的课本，倚一下后面同学的桌子，班里一下子炸开锅了，这个报告老师"杨同学动我的书"，那个报告老师"杨同学弄我的桌子"……看来小杨同学真不是一般的调皮。我连续观察了几天，发现这孩子是闲不住、好动，还喜欢惹事。一天，班里有个同学身体不舒服，吐了一地，我看见小杨同学主动拿起铲子去操场弄了些沙子来盖住，感觉这孩子真有爱心啊。我在班里表扬他，给他树立威信，希望同学们都帮助他，提醒他，让他改正好动的毛病。过了一段时间，我看到他跟班里的同学相处得不错了。小杨同学每天到校很早，他总是到办公室帮老师打扫卫生，然后我就利用这个时间跟他聊天，找一些他感兴趣的话题，慢慢地，他对我有了一种尊重和信任，下课就跑到办公室找我。

刚入学不久，我要外出学习一个星期，有太多的不放心，这班孩子刚入学不久，习惯刚要建立起来，尤其是小杨同学的好习惯才刚要养成，我一走一周，那可怎么办呢？于是，我把他叫到办公室，跟他说老师不在学校的这段时间要好好听话，并给他制订了评价表格，让家长把孩子每天的表现发给我。一周之后，带班老师说这孩子表现不错，尤其让我感动的是办公室其他老师跟我说："张老师，你不在的时候，小杨同学一下课就到你办公桌前，在桌子上用手滑过来滑过去,这孩子真的想你了。"我听了,心里暖暖的,酸酸的。我把他叫到办公室问道:"你想我了?""嗯!"他不好意思地小声说着、点着头。这孩子虽然调皮,但善良、诚实、有爱心,我有信心让他在小学期间改掉坏习惯,好好学习,天天向上。

到了三年级,小杨同学的各种习惯比之前好多了,由于我手头的活比较多,跟他面对面交流的时间也少了,我们开始用书信沟通。我们约定好,我每天把笔记本写好放在抽屉里,下午放学他来拿,第二天早上他再悄悄地放回我的抽屉。嗨!这孩子还真守信用,每天都按照约定来。我把每天他的表现和老师对他的期望记下来,他看到向我保证一定做好。记得有一次,学校举行合唱比赛,我真怕这孩子关键时刻掉链子,于是在日记中我写道:"明天我们合唱比赛,我希望你在台上认真站好,像军人一样,一动不动,站得笔直,好好看指挥,认真唱歌,为了我们班级的荣誉,加油。"他给我回信说:"老师,放心吧,我一定能做到,不给班级抹黑,让咱班拿第一。"还有一次,我在信中说:"老师今天累了,有很多事情需要做,不跟你说很多了,做好自己。"第二天,他在信中写道:"老师,您辛苦了,好好休息,我一定管好自己,少让您操心。"当时我看了,感动得热泪盈眶。就这样,书信进一步拉近了我们之间的距离,我们成了好朋友,小杨同学的表现也越来越好。

现在,小杨同学已经小学毕业了,我相信他一定会在未来的道路上展翅高飞,前程似锦!

成成的改变

成成是位聪明活泼、成绩优秀、个性极其强的孩子,脾气很拗,和同学发生冲突之后做事比较极端。于是,我跟家长商量,通过每天记录孩子的小问题,对症下药。于是,我开始了和家长的沟通。

五一假期后的第一天,成成同学表现不错。

优点:早读认真读书,和同学们一个节奏,非常棒;上午第三节数学课不知什么原因哭了,但是没有大声哭,也没有影响老师上课,一会儿自己就好了;大课间做课间操认真,不乱说话;下午到校又哭了,老师问了原因,立马就好了,很棒!

需要改进的地方:读书声音再大一点;遇到问题冷静处理,不要总是哭鼻子。

需要家长配合的地方：回家跟孩子谈，指出优点，继续发扬，同时告诉他需要改进的地方。允许孩子慢慢改变，坚持下去会有很大进步，我们一起努力！

5月7日星期五，今天成成同学的表现让老师很欣慰。早上打扫卫生积极主动，自己抱着那么多笤帚去卫生区，分给其他同学；到了卫生区不小心摔倒了，勇敢地爬起来，也没哭；打扫卫生时不怕脏，不怕累，干完值日又去倒垃圾，非常棒！

上课听讲认真积极回答问题；午饭后开心地跑进教室，主动做值日；练习合唱时，也非常认真。

需要改进的地方：今天早上不小心把同学的手划破了，没有及时跟同学道歉，老师说提醒了之后，马上跟同学道歉了。以后做错了事，一定要说对不起。

需要家长配合：继续指出孩子的优点，表扬鼓励他。对于不小心做错了的事，要主动跟别人道歉，这一点需要家长时时提醒孩子，也希望在家长能给孩子做好榜样。

5月8日星期六（上星期三的课），今天成成表现优秀，他每天都能给老师很多惊喜，棒极了。孩子最大的变化就是参加集体活动时很认真，不像之前那样对集体活动毫不感兴趣。今天下午到校，老师把上次合唱的照片打印出来，让孩子找自己的位置，成成很积极地跑到前面认真地找，并且很友好地跟同学相处。下午第三节课我们去报告厅排练，成成更是表现突出，认真地站好，认真地排练，老师表扬了好几遍，孩子真棒！

需要改进的地方：上课听讲时不要认为知识点比较简单就不听讲，着急做后面的练习题，一定要养成上课认真听讲的好习惯，即使学会了也要认真听讲，不要错过每个环节。

需要家长配合的地方：继续指出孩子的优点，肯定、鼓励孩子，坚持好习惯的养成。指出其不足，用聊天的方式让孩子知道应该怎样做。周末继续监督孩子的表现，告诉孩子在家里表现好，老师知道后也会表扬他，让孩子知道我们时时刻刻在关注他，关心他。

5月10日星期一，新的一周开始了，希望成成坚持好习惯的养成，越来越优秀。

优点：现在成成越来越关心班集体了，今天早上问老师合唱什么时候开始，这是从来没有过的。

需要改进的地方：上课听讲还要再加强，要先听老师讲课再去做后面的题。他总是很积极地去做题而忽略听讲，不过，老师一提醒就马上改正了。以后一定要记住，只要老师在讲课就一定要认真听，然后再去做题。

需要家长配合的地方：新的一周开始了，跟孩子约定这周要好好表现，继续发扬自己的优点，及时改正不足，鼓励表扬孩子，让他愿意接受我们给他指出的问题，让他变得越来越自信，越来越阳光。加油！

5月11日星期二，今天成成同学的表现如下：上午第二节数学课，孩子的手放在书洞里，问他在干什么，同桌说在撕纸。老师提醒了之后认真听课了，有错就改，棒！下课我走过去看了看孩子的书洞，一小块一小块的纸片上面都有水，我说赶紧扔了，成成马上把它们扔进了垃圾桶，没有反驳，也没有不情愿，棒！我把成成叫到办公室问他为什么弄那些带水的纸片，成成说手老是黏，纸片是擦手用的。我跟成成说，这种情况可以让家长给带包湿巾来，以免影响听课。

优点：知错就改。

需要改进的地方：上课不乱做小动作，认真听讲，才能取得更好的成绩。

需要家长配合的地方：了解一下孩子手老是黏的原因，帮孩子解决这一问题，时刻提醒孩子上课不要做与学习无关的事情。

5月12日星期三，今天一上午成成的表现都非常好！合唱，防震演练，上课听讲都值得表扬，说明孩子把我们的约定放在心上了。今天下午发生了一件小事，第二节语文课时成成跟后面的同学发生了一点小摩擦，因为眼镜布的事情，影响了徐老师上课，下课被徐老师叫到办公室。我问了一下事情的原因，是因为成成没有处理好这件事情，经过耐心的教育，孩子马上知道自己错了，主动跟徐老师、跟同学道歉，很棒！孩子确实变化很大，值得表扬。我们允许孩子犯错误，知错能改就是好孩子。

需要改进的地方：遇到自己解决不了的问题，先冷静下来，寻求家长、老师的帮助，不要冲动，那样会把事情变得更糟，以至于不可收拾。

需要家长配合的地方：不要批评孩子，先让孩子说说眼镜布的事情，给孩子买块新的换上。跟孩子聊时先表扬其优点，再指出遇到事情要分轻重缓急，自己解决不了找老师、家长帮忙。相信成成能够越来越会处理问题、解决问题。

5月13日星期四,上午第四节体育课进行广播体操训练,成成在活动中表现积极。成成在关心班集体、积极主动参与班级活动这方面的好习惯已经养成了,非常好,继续坚持。

优点:下午放学主动帮同桌把凳子放到桌子上,好极了!上课的听讲习惯也大有进步。

需要改进的地方:课外书下课可以看,当老师走进教室开始讲课时就不能再看了。

需要家长配合的地方:继续表扬孩子的优点,特别是参加班级活动、关心班集体方面,让他感觉到每天参与班级活动是非常开心的,主动帮助别人也是很开心的,以点带面,以后遇到这样的事情就知道怎样去做。关于看课外书的时间可以和孩子一起商量,如大课间、饭后等时间比较充裕的时间段来阅读,切忌直接批评孩子。

5月14日星期五,今天早上早读,由于徐老师请假,由其他老师看晨读,成成读书时把文中的词语随意更改,大声朗读,吸引其他同学注意,这样很不好。之前的音乐课也改过歌词,影响了课堂秩序。我把孩子叫到办公室,跟他聊了聊这样做的影响,他很快就接受了老师的批评教育,并答应以后不再这样了。其他活动表现一直很好,表扬。

需要改进的地方:以后绝不能在课堂上随便更改词语,更不能作为笑话大声读,这个习惯一定要改。

需要家长配合的地方:又到周末了,跟孩子聊聊孩子这周的表现,首先表扬他做得好的地方,可以让孩子自己总结;然后指出需要改进的地方,坚持好习惯,改掉不好的习惯。也可以和孩子有个约定,记录下其优点和缺点,用孩子喜欢的方式来鼓励他。总之,好习惯一定要坚持,不好的习惯发现一个改一个,周末两天家长一定监督好。

5月17日星期一,新的一周又开始了,今天早上升完国旗我跟孩子聊了聊前段时间的表现,指出优点,说出不足,不足的地方一定要改正,孩子非常乐意接受,我觉得孩子确实有很大的进步,我们要继续发现他的优点。

需要家长配合的地方:家长要耐住性子,多看孩子的优点,允许孩子犯点小错误,先尝试让孩子自己去改正,事后再总结引导。不是原则性的大问题可以适当忽略,给孩子一点犯错的空间。经过一段时间的引导,成成确实有很大进步。

5月18日星期二,今天成成表现得很不错,上课认真听讲,积极回答问题,写作业认真仔细,做眼保健操时态度端正,值得表扬。

从今天开始,就不用每天都把孩子的问题指出来了,因为已经没有什么明显的问题了,我可以一周一总结,记下来发给家长看。平时随时发现问题也会随时记录下来,跟家长一起交流。

相信成成一定会越来越好,越来越优秀。

为了孩子,我们一起坚持,努力!

5月24日星期一,新的一周又开始了,上周成成整体表现还可以。跟任课老师沟通后发现,这孩子在上其他课时表现不佳,随意说话等坏习惯还存在。今天午间跟孩子聊了聊,这周会重点关注他的上课表现。

需要家长配合的地方:每天跟孩子聊聊每节课的表现以及每节课的收获,制订每日表现评价表,表现好的奖励大拇指贴纸,由家长来评价。

5月27日星期五,一周很快又过去了,这周孩子的表现应该说一般。有些方面略有倒退,真是让人着急。看来,成成的习惯还真不是一时半会能改过来的,还需要长期的正确引导。

比较突出的几个问题:孩子老是在桌子上划线,不允许别人过线,别人不小心过了线,就采取不当的方式解决;上其他课纪律欠佳,管不住自己,如掀前面同学的衣服;打扫卫生时不认真,喜欢搞恶作剧;排练大合唱也不是很配合。

优点:现在出现什么问题,只要老师一说都能改正,这比之前有了很大的进步,应该表扬。

需要家长配合的地方:还需要继续跟孩子聊聊他存在的问题,但千万不能简单粗暴地批评,慢慢来,相信孩子会越来越好的。

6月4日星期五,这周成成同学整体表现较上周有很大进步,个别小问题经过提示就能够马上改过来,应该表扬。这周成成领到了一个新任务,担任下周班级读写比赛的主持人,希望通过这次活动能让孩子更加自信,更加阳光,更加守规则。

需要家长配合的地方:表扬加鼓励,督促孩子把下周的活动准备好。

6月7日星期一,新的一周开始了,感觉成成状态挺好。

优点:愿意把自己穿不上的校服慷慨地送给需要它的弟弟;周六晚上回家已经八点半了,很累,但成成仍然坚持把语文同步练习册的作业完成了。周日一上午都在做作业,时间安排合理。

需要改进的地方:完成抄写后,没有按老师要求背诵。可能是由于比较累,星期一到校晨读时才开始背诵。

就这样经过一段时间的坚持,成成同学有了很大的进步,遵守纪律,乐于助人;讲文明,懂礼貌,成了受同学欢迎的好同学,学习成绩也越来越好,在区统考中考了全班第一名的好成绩。现在,成成已经上初中了,祝愿孩子在初中的学习和生活中更上一层楼!

接手新班级

　　成功地送走了毕业班,新的学期我又接手了新的班级,要和他们共同完成小学最后一年的学习和生活。

　　这班孩子与我之前带的孩子不同,成绩不理想,各科成绩几乎都是全年级最差的,数学成绩30分以下的就有十人。我被安排接这个班担任班主任兼数学教师,这怎么办呢? 五年级是毕业班,成绩这么差,这样肯定不行。我要梳理一下工作思路,尽全力提高这个班的整体水平。

　　接到这个班级后,之前的班主任把我拉进班级群,并做了简单的介绍,群里像炸开了锅,欢迎的,感谢的,掌声、鲜花各种表情扑面而来,看来家长们还是对我充满期待的。开学前一天要到班级打扫卫生,于是我直接通知星期二的值日生和家长到校打扫卫生,二组的值日生也按照我规定的时间到校打扫卫生。看到家长和孩子一起打扫卫生,我非常欣慰,第一项工作还算顺利。良好的开端是成功的一半,接下来继续梳理思路,开始工作吧。

　　听之前的班主任说这个班的家委会是随便指定的,四年来没有发挥什么作用。没有得力的家委会,班主任的工作是很难开展的。于是,我按照我之前的做法,让家长自愿报名加入家委会,当时有四位家长积极报名,我了解了一下报名家长的孩子的成绩,优中差都有,挺好。我安排了第一次见面会,地点在我的工作室。几位家委会成员到齐之后,分别介绍了一下自己的工作单位、职业、特长,有时间充裕的,有会拍照做视频的,有擅长绘画书法的,太好了,班级活动有后勤保障。我给家委会成员分了工,制订了目标,携手把这个班带好,各方面都要有进步。

　　成立了家委会后,班级工作就顺利多了,家委会成员能听到来自家长的声音,及时和我沟通,把一些事情巧妙地处理好。开学不久,就迎来了教师节,家委会代表家长向老师表达了感谢,我也想给家长们一个惊喜,看看这群孩子的潜力和精气神。我组织孩子们进行诗朗诵,献给敬爱的老师。孩子们富有感情的朗诵,感动了在场的每位老师,家长们看着孩子们精彩的朗诵也纷纷点赞。

我看到一双双充满智慧和渴求知识的眼睛,一位位希望自己孩子学习有进步的家长,各种滋味涌上心头。我想,必须让孩子们振作起来,必须让他们感到自己的班级是温暖的、优秀的,必须让家长们放心。

我每天给孩子们树立自信,找他们谈话,让他们感受到来自老师的关注和温暖。班里有一个不爱说话、成绩很差的女生,忽然有一天她主动跟我打招呼:"张老师好!"我很吃惊,原来她会表达啊,因为原来学习成绩不好,自己不敢跟老师说话,时间长了就不爱说话了。这一次她能主动跟我说话,我很高兴,并对她说:"你真棒"!她笑了,笑起来真好看。一天,她主动去我办公室跟我借水卡,办公室的老师看到了都说,这孩子还能主动来借水卡,并且表达得这么清楚,真是有很大的进步,之前可是连一句完整的话都说不成的,我骄傲地笑了。从此以后,这位同学脸上有了笑容,对学习有了兴趣,成绩进步很明显。

开学第三周,学校举行公开课,我教一、二两个班,二班基础比一班好很多。一般公开课都会在成绩更好的班级上,这次,我偏偏选了一班,理由很简单,给这帮孩子一个展示的机会,因为之前从来没有老师在这个班上过公开课。于是,我认真准备这节课,慢慢地引导孩子大胆发言,鼓励、表扬、掌声都送给他们。为了不让孩子们紧张,上课前,我把孩子们的照片做成PPT,配上歌曲《你笑起来真好看》。孩子们听着欢快的音乐,看着自己的照片,紧张情绪一下就没有了,轻松地开启了学习之旅。在课堂上,孩子们听得认真,回答问题声音响亮,积极发言,敢于提出自己的问题,表达准确,赢得了听课老师们的高度赞扬。

接下来的测试中,我们班的成绩有了大幅度的提升,特别是优秀生人数在全年级遥遥领先,太了不起了。我开班会分析考试成绩,给孩子们树立自信,找他们谈话聊天,孩子们个个劲头十足,干劲十足。

功夫不负有心人,经过一年的努力,在最后的小升初考试中,我带的两个班的数学成绩取得了第一名,一班的各科成绩都有了大幅度提升。在班级群里,我这样说:"作为孩子们的班主任,我很开心陪他们度过了小学的最后一年。这一年,我们互相鼓励,相互帮助,相互理解,相互信任。谁都不嫌弃谁,谁也没放弃谁。一年的时间，我们成功摘掉了最差班级的"帽子"，各科成绩大幅提高，考试成绩名列前茅。感谢任课老师们的辛勤付出，感谢家委会的支持帮助，感谢家长们的密切配合，感谢孩子们的埋头苦干。付出就有回报，爱拼才会赢。我们赢了！努力了就不后悔，老师就陪你们走到这里。愿每位活泼可爱的孩子带着自信，脚踏实地地迈入初中。祝福你们前程似锦！"消息一发出，得到了家长们的称赞和积极回应，家长们这样说："张老师，感谢您的话在心里酝酿了很久，但当真正毕业的时候却觉得任何感谢的话都不能表达我们一家人的感谢，只是觉得心里特别不舍。小学是孩子求学路上的第一站，您像孩子们的妈妈一样，在他们心里播下一粒美好的种子，让孩子知道只要努力，一切皆有可能。最难能可贵的是您对他们一视同仁，不放弃任何一个孩子，让他们树立自信、爱上数学，给我们这些家长心里燃起了希望的光，让我们觉得一班的孩子也可以乘风破浪。从最差班级到现在的逆袭，您的付出我们都记在心里。我们会和孩子们一起带着恩师的鼓励，脚踏实地地走好每一步，不愧对老师的教导。""翻一翻群里的记录，每天都有老师发的作业，订正的答案，测试的结果，孩子们的讲题视频，每一天都是有意义的、充实的、有进步的一天。孩子们是多么幸运才能遇到这么专业、这么负责的好老师。""张老师为孩子们的学习付出了辛勤的努力，让孩子们受益匪浅。张老师耐心地解答孩子们的问题，不厌其烦地教导他们如何掌握数学知识。张老师不仅让他们学会了计算技巧，更教会了他们如何运用所学知识解决实际问题，激发了他们学习数学的兴趣。孩子们遇到困难时，给予他们信心和勇气，让他们相信自己能够克服挑战，让他们在取得好成绩同时，也变得更加自信和坚定。张老师严谨的教学态度、丰富的教学经验以及对学生的关心会使孩子们未来的学习生活一直受益。"

看到家长们的回应，我的一切付出都值得了。希望孩子们带着自信升入初中，为他们以后的学习生活打下坚实的基础。我们这一年的相处将会影响他们的一生，祝愿每个孩子都能学有所成，健康成长！

教育学习篇

教师是教育学生的先行者，其本身的学识能力水平，决定了教学水平和教育方法，也影响学生的思维习惯和行为习惯。因此，教师必须得抱着终身学习的态度，学习知识、学习技能，学习自己擅长的，也要学习自己不擅长的。"他山之石，可以攻玉。"通过外出学习，有新的观点触动心灵，也因为新的教学模式深受启发。参加工作以来，我参加了许多各级各类培训，每次培训学习都会使自身业务能力有所提高，可谓学知识，长见识。印象比较深刻的也是对自己成长最关键的几次培训，每每回忆起来都让我热血沸腾，回味无穷……

与优秀同行

2011年12月5日，我参加了在北京师范大学校长培训学院举办的全国小学校长高级研修班。25天的学习培训，自己收获着、快乐着、感动着。

我聆听了很多专家教授的讲座，有关校长的专业发展、学校安全管理、教学评价、校本课程开发、学校德育工作等培训内容，让我学习了先进的教育教学理论，进一步认识了教育的实质，感受到校长肩负的责任重大。

我参观了北京市几所优秀的学校，学校的办学理念、硬件设施、优秀的社会资源以及师资、生源，都让我感受到与他们的巨大差距。同时，听了校长们的工作汇报，他们的真诚打动了我，从汇报中可以看出学校老师的团结、敬业、奉献精神，一切为了孩子的全面发展而努力。

另外，我还学习了来自全国各地的优秀校长对办学特色、教师队伍建设、学校文化建设等的经验之谈，为学校的发展奠定了基础，这些都是我学习的榜样。

同时，我还认识、结交了全国各地的优秀校长，他们对我生活上的关心、工作上的指导让我难以忘怀。让我们共同记住这难忘的时光，用百倍的热情投入学校的管理中去，为中国的教育事业贡献自己的微薄之力。

培训期间，我每天都在记录自己的所想、所感、所悟，与大家分享。

带着信念上路

接区教育局通知，让我去北京参加全国小学校长高级研修班，时间是25天。接到通知的我心里犯了嘀咕：学习是好事，也是领导对我工作的肯定，给了我这次学习的机会，可是时间这么长，我怎么舍得我亲爱的孩子，从小就没有多少时间陪伴孩子，感觉亏欠她太多。就这样，带着对孩子的不舍与牵挂，我坐上了前往北京的动车。

今天是学习的第一天,今天的学习让我懂得了很多,校长,就要放下一些,该放就放。我带着信念上路,向全国各地的校长学习先进的经验,认真聆听诸位专家的报告,相信有你们的陪伴,我的学习之旅会更加丰富。

真心祝愿我们这期培训班的所有成员都有所收获。

在学习中进步

今天上午听了洪成文教授的报告,很有感触。洪教授从大学校长的工作出发,让我们思考小学校长的工作,以大比小,以点带面,用一些实际的案例为我们讲述了教育应该如何创新。换一种做事的方式就是创新,只要用心,创新无处不在。下午,又与我们组的其他校长们交流了各学校的办学特色,学校管理也十分扎实有效。

反思我自己的学校管理工作,还有很多不足之处:

一是学校的办学条件要改善,虽然校长不能以一己之力改变现状,但至少应该以一种积极的态度去争取、去申请,办学条件的好坏直接影响学校的教育教学环境。

二是开展有意义的活动,有可操作性的工作要坚持开展,不懈怠,不折腾,坚持做好就是特色。

三是提高教师的工作积极性和业务水平有待提高,走出来、请进去,多学习,多交流。

每天的学习总能给我的心灵注入一些动力。这次北京之行,让我更加有力量去认真学习,活学活用。

安全第一

安全,是每位校长最关注的问题,也是最担心的问题,安全工作是学校工作的重中之重。年轻的我,在学校管理工作中一直对安全问题感到困惑、迷茫。今天听了谢老师的课,真可谓醍醐灌顶,让我豁然开朗。谢老师用一些具体的案例为我们解读了依法治校中应该注意的问题、学校和校长在管理中的主要权利、未成年人受教育者的主要法律权利等,尤其是在谈到学生人身伤害事故的责任分析及防范时,他教给我们应该怎样处理一些具体的事情。联想到我自己的学校也出现过一些大大小小的学生意外伤害事件，每次我都为这些事情消耗很多的时间和精力。这次学习，让我学会了更巧妙的处理方法，真的是受益匪浅。

安全，是学校的大事，每时每刻都要抓，要警钟长鸣！

交流中的收获

在今天下午的分组讨论中，各位校长谈了各校素质教育的亮点，真的收获很多。其中，广州市天河区华阳小学的王校长谈到的课堂教学中的单元整体教学，引起了我的兴趣。他们学校的各个学科都进行了单元整体教学，并收到了好的效果。而我们呢？只是在语文课上根据区里的课题进行了阅读整体推进，其他的学科没有进行试点。听了王校长的报告，感觉单元整体教学适用于各个学科，有利于学生整体把握单元的内容，学完后让学生再选择喜欢的一节进行分组讨论，这样既尊重了学生意见，又培养了小组合作精神。

还有安徽省太和县第四小学的崔校长，在谈到学校的校本教研时，我感觉他们的工作做得扎实，有实效，每周安排业务活动，听、评、说、反思，各个环节安排有序，很好地提高了教师的业务水平，可谓妙也！还有四川大学附属小学刘校长的报告也引起了我的共鸣，这些学校在素质教育的指引下，真真正正地抓好课堂教学，抓实教研活动，以提高学生的发展为目的，都是我学习的榜样。

平静地做教育，发展儿童本色

学校应该是平静的，老师们也都应该有一颗平和的心，这是做好教师工作的基础。听了戴校长的办学报告，自己的心里也多了几分平静，我喜欢这种平静的感觉。形式的东西少一些，实在的东西多一些，抓好教研，抓好课堂，抓好教师的成长，还有什么比这更重要的呢？

成长中的孩子有各种各样的想法，不要把孩子塑造成"标准件"。孩子失去了本色，没有了潜力，这不是在摧残他们吗？钱教授的报告给我们阐述了要回到原点看人，诠释了教育的使命是培养人。

观上学一瞬，悟亲情之感

今天吃完早饭，我自己一个人走在回宿舍的路上，经过北京师范大学实验小学门前,正好是学生早上到校的时间,于是我就停下了脚步。

忽然,一位妈妈的举动映入我的眼帘,她站在门口绿化带边的栅栏上,使劲地往里看。顺着她的目光,我看到原来是她的女儿在教室里领着同学读书,这位家长还不时地点头、摇头,那么投入,那么认真,我想,孩子是她的骄傲啊!

又来了一位爸爸送女儿上学,在校门口,孩子跟爸爸再见后进了教学楼,父女俩又挥手再见,孩子走进教室前,又回头挥手再见。短短50米,父女俩挥手再见了三次,他们是那么默契。能够这么耐心地对待孩子,能够看出他们的父女关系非常融洽。

还有一位家长,给孩子整理好书包,又嘱咐孩子要多喝水。我在那里站了好久,等门口学生不多了,我才开始往回走。是啊,孩子是家长的期望,孩子是家长的牵挂,孩子是家长幸福的源泉,这是一种与生俱来的感情。

孩子,妈妈为你骄傲

今天下午接到女儿的老师——史老师的电话,说佳佳讲故事讲得挺好,在幼儿园得了第一名,现在要代表幼儿园参加比赛,时间是明天上午。接到电话后我非常高兴,又很激动。今天下午的学习结束之后,我给孩子打了电话,孩子高兴地对我说:"妈妈,今天我讲故事得了第一名,老师说我讲得挺好,要参加比赛,我的声音也大,动作也好!""孩子,你真棒,妈妈祝贺你!"

孩子参加讲故事比赛,我很重视。从接到通知的那天开始,我们就认真准备。我一直鼓励孩子,因为我知道这是孩子在学习历程迈出的第一步。

不求孩子得第一,只求让她多参加这样的活动,培养孩子大胆、阳光、自信的性格!祝福孩子,祝愿你取得好的成绩,妈妈在北京等待你的好消息。

一家人逛北京

周五,老公带孩子来北京,周末我们一家人开始了北京之旅。我们陪着孩子去了动物园、天安门、水立方、鸟巢,行程非常充实。

孩子很高兴,我也就高兴了,虽然很累,但是心里很甜。

又到了周一,老公和孩子要回去了。在火车站进站时,孩子哭了,我心里也很难受,很舍不得她。

大学生应聘面试

晚上，我有幸参加了北京师范大学公费师范生基层就业能力提升系列培训活动之名家校长面对面——面试，并有幸担任面试评委。

我们四人一组，分别对五位大学生进行面试，提问，点评。

我认为，高学历只是基础，更重要的是适应社会的能力。建议家长从小时候培养孩子的行为习惯，让孩子树立自信，走向成功。

搭建活动平台，促进教师发展

记得 2008 年我来到颜庄中心小学担任校长时，当时学校有 12 个班。通过谈话得知班主任对于班级管理工作缺乏意识与方法，于是我们就在制订计划时把对于班主任的培养列在其中，开展班主任论坛。在第一次班主任论坛上，我安排各班主任自己谈谈这段时间来班级的情况。经过交流和学习，班主任对班级管理有了认识，开始以极高的热情投入班级工作中，两周一次的班主任论坛就这样开始了。三年来，班主任的工作上了一个大的台阶，带动了学校的发展。就在不久前，我们学校举行的班主任论坛主题为各班班级文化的设计与管理，老师们的想法和做法让我十分振奋。

有的班主任认为班级文化是全班同学共同的信念、价值观念和行为准则，对学生起着引领作用。于是，班主任在班级的命名上注重对学生的行为引领，如五年级三班的"小蜜蜂之家"旨在引导学生明白"天道酬勤"的道理，希望他们能像勤劳的小蜜蜂一样，用辛勤的劳动去收获甜蜜的果实；五年级二班的"犟龟部落"是以《犟龟》故事做引导，以犟龟精神引领孩子们树立"只要努力，就有收获"的信念，通过精神引领、活动引领，让孩子们感受成功的快乐。

有的班级注重发挥班级文化建设对学生的凝聚作用。当学生高兴时，班级与他分享快乐；当学生不开心时，班级为他分担痛苦，及时为他送上关怀和帮助，这样就会大大增强班级的凝聚力。例如，四年级二班在墙上设计了"坚守岗位"的展板，每个同学都有明确的分工，在各负其责的同时还能够互帮互助，因为人人心中都有"五（三）是我家，干净靠大家"的信念，这样既能增强班级的凝聚力，也充分体现了"人人为我，我为人人"的思想境界。

有的班级注重发挥班级文化建设对学生行为习惯的规范作用。班级文化的规范作用就是约束作用，制约着学生的行为。我们知道，约束功能是通过制度和道德规范发生作用的，尽管制度也是班级文化的一部分，但它的约束作用是硬性的且是不全面的，而道德规范是一种无形的、理性的和全面的约束，也是能赢得学生人心的约束。例如，三年级二班、二年级二班等几个班级采取了《第56号教室的奇迹》的作者雷夫老师的做法，将"道德发展六阶段"引入自己的班级管理，随时让学生自我检视自己处于哪个阶段，使学生形成良好的自我约束能力，收到了良好的效果。

还有的班级细化班级文化建设，让班级文化在潜移默化中发挥作用。教室虽小，但各个角落都能体现出班主任的用心、细心、耐心。例如，四年级一班的量化管理细则，从作业情况、课堂表现、纪律、卫生、互帮互助五个方面进行定位评价，每天下午根据学生的表现进行总结奖励。每周一的班会，班主任会对上周的工作进行总结，根据每个学生的获奖情况和平时表现评选出上周的"最亮星"，每周三名，并张贴"最亮星"的照片，还会奖励一个笑脸，激励每个学生笑着迎接生活。

还有的班级确立了具有本班特色的班级公约、班规、班训等。例如，二年级一班以"努力每一刻，收获每一天"为班级目标，设计了两大板块，分别命名为"挑战无处不在"和"努力从我开始"，让每个学生自定一个竞争对手，将对手的优势及自己的优势、不足和挑战计划写在一张纸上，张贴上墙，一个阶段后，进行对照总结，对于成功挑战的同学，由班委向家长发出喜报，再确定新的挑战对手。

我们的班级文化建设已从随意、零散走向协调、成熟，正在向着多元化、个性化的方向迈进，这得益于学校举行的班主任论坛。在论坛中，老师们学习其他班的管理思想，吸收养分、取长补短。只要给老师们提供一个互相学习、展示交流的平台，就能挖掘他们的潜能。通过班主任论坛，我们打造了一支有进取心、有责任心、有能力的班主任队伍，培养了学生积极向上、团结协作、奋发拼搏的精神风貌，创设了安全、稳定、文明、有序、宽松和愉悦的学校环境。

走出去,看不一样的风景

2019 年 10 月,我有幸参加了市教育局组织的培训学习。12 月 4 日~12 月 10 日,我们 50 位名师人选和骨干教师到华东师范大学参加了高级研修班的学习。这次为期六天的学习,对我们每个人来说都是一个难得的机遇。这次学习,我们就教育变革与教师专业发展、研究型教师的素质及自我培养途径、有效课堂教学设计与评价、课堂观察与案例分析、在世界范围内寻觅现代教育智慧、名师教学智慧与课堂教学质效的提升策略、教学特色形成途径与规律等课题开展了专题学习。这次学习,不仅拓宽了我的视野,还丰富了我的实践经验,更让我的思想得到了升华,使我对教育有了新的认识,更加热衷于教育事业。通过这次培训和学习,我感觉自己收获很大,现将自己的心得和体会写出来与大家分享。

学习的第一天,我们来到新黄浦实验学校参加了全国第十二届有效教学理论与实践研讨会,参加了课堂教学观摩活动,然后聆听了专家的报告。信息化正在引领和改变着我们的教育,教材的数字化必将走向教学的信息化。

之后的几天,我们先后听取了多位专家的报告。王建军教授是华东师范大学教育学系博士生导师,他的讲座让我们耳目一新。他用风趣幽默的语言,高屋建瓴地为我们阐述了他对“教育变革与教师专业发展”以及“研究型教师的素质及自我培养途径”两个问题的研究心得,为我们指点迷津。整个讲座案例生动、贴合实际,引得我们笑声不断,我们在轻松愉悦的氛围中收获了很多。

戴立益教授在“课堂观察与案例分析”中提到:“当自己走出他人的课堂时,问自己一句话,我在他人的课堂中得到了什么？这才是课堂观察最为根本的目的。”只有真正理解课堂观察的理念,我们才有可能从别人的课堂中获益。戴教授给出了课堂观察中的 4 个维度、20 个视角、68 个观察点,充分说明了每个教师的课堂都充盈着教育者的智慧、学习者的思考、观察者的分析。

上海市嘉定区教研室主任、嘉定区教师进修学院罗松副院长做了关于"有效课堂教学设计与评价"的专题报告。罗副院长以其幽默风趣的语言和大量精彩的课堂教学实例,与我们探讨了"什么是有效教学""有效教学的设计""有效教学的实施与评价"。罗副院长的报告同样高屋建瓴、深入浅出、诙谐风趣,时时激起老师们会心的笑和由衷的称赞,整个报告过程呈现出一片热烈的气氛。三个小时的精彩报告,让我深受启发。罗副院长的报告带给我很多新理念、新思考、新视野,我们要反思自己的课堂教学如何转型,要反思自己对课堂教学理解的广度和深度,要反思课堂活动设计的有效性,要反思课堂教学流程的结构化,还要反思课堂教学的评价方法,努力把自己的课堂打造成高质量、高效率的课堂。同时,我们还要改变自己的思维,提高自己的思想境界,注重对学生的人文关怀和对非智力因素的培养。

华东师范大学教育学博士生导师单中惠教授给我们做了题为"在世界范围内寻觅现代教育智慧"的讲座,让我们开阔了视野、丰富了知识。单教授先分析了传统教育与现代教育的冲突,让我们具体地感受到教育的发展历程以及现代教育的先进性。随后,单教授又为我们讲解了当代西方十大教育思想流派,让我们认识到了西方教育思想的多元化。一上午的讲座,单教授引领我们在世界范围内寻觅现代教育的智慧。

华东师范大学教育学部金忠明教授运用丰富的案例为我们做了题为"名师教学智慧与提升课堂教学质效的'五三'策略"的专题讲座。讲座阐述了教师提升课堂教学质效的五大策略,即激励策略、自学策略、互帮策略、辅导策略、诊断策略,其中每项策略下又分列三项具体措施,简称"五三"策略。金教授的讲座让我们意识到,智慧是知识与能力的统一,理论与实践的统一,仁爱与洞见的统一。教师的智慧来自日常的反思,来自日常的读书积累;教师的主要职责是告诉学生获得知识的方法和途径;健康、融洽、和谐的师生关系是教育成功的关键。讲座的最后,金教授提到,促成优秀教师成长的因素有关键时期、关键事件、关键人物、关键书籍,另外还有教师个体。读书、学习、思考及践履将影响我们的一生。

本次培训给予我的启发和经验是我教师生涯中一笔珍贵的财富。通过聆听专家的报告,我受益良多。没有爱就没有教育,教师要关注学生的情感、态度、价值观的形成与发展,让学生经历知识的产生、发展、形成的过程。"一堂课备一辈子,一辈子备一堂课。"教师要从单纯的备教材转变为既要备教材,又要备学生、备教学媒体,备各种教学资源,另外还要备自己。这是时代的要求,也是教师的职责所在。教学有反思就有进步,反思是教师成长的关键,我们上的、听的每节课都有其精彩之处,及时记录下来作为以后备课的资源。我们平时还可以记录下精彩的课堂瞬间,这样可以拓宽教师的思路,有利于对课堂教学进行再设计。教育要注重协作,众人拾柴火焰高。加强协作,共同提高,共同进步,分享教育智慧,共享研究成果,一起思索问题的解决策略,共同行进在专业发展的道路上。

这次培训学习,不单单在理论上有依据、在实践中有实例,而且还能从实践中回到理论,找到焦点,从而指导实践,在实践中提高自己的认识,提高自己的理论水平。通过这次培训,我发现了自己的许多不足之处,找到了今后努力的方向,也从中体会到了一些平时被自己忽略的问题。在今后的实践中,我不会再满足于现有的经验,我要不断学习、不断思考、不断总结,用理论指导教学实践,研究和探索教育、教学规律,把科研和教学结合起来,努力前行。

独具一格的跟岗培训

2020年11月30日,我来到位于全国文明村——傅山村的淄博市高新区第八实验小学,带着遐想,带着期待,开启了我的跟岗培训之旅。五天的跟岗培训充实又紧张,收获满满。

傅山村书记对教育的大力支持

"再苦不能苦孩子,再穷不能穷教育。"傅山村的书记就是凭着这样的信念,心系教育,情暖教育。他是全国劳动模范,带领村子里的老百姓过上了好日子。学校搬迁,书记就聘请上海同济大学的设计师来设计傅山小学和傅山幼儿园,让家门口的孩子在最好的环境里学习。我参观了这两所学校,大气的教学楼,宽阔的操场,能容纳近千人的报告厅,无一不展现出现代化的气息,与传统印象中的乡村学校毫不沾边。这是一所现代化的乡村小学。学校面对专业教师少、没法开展特长培训的问题,专门聘请了教剪纸、象棋、足球、机器人的老师,来学校给孩子们上课。我们不禁为这样的好书记而感动。

有情怀、有格局的校长

一位好校长就是一所好学校。傅山小学的傅校长是全国优秀教师、齐鲁名师,傅校长提出"悦天性　启智慧　成大美　达天下"的教育理念。从傅校长的讲话中我们能感受到她带领老师们扎根农村、无私奉献、开拓创新的精神,她是在用心、用情、用爱做有温度的教育,带领大家扎扎实实地做,小到打扫卫生,大到教育理念,真正做到了精细化管理。她把每项工作做细做实,让家长们认可,让社会认可,成就了学生、教师的成长,也成就了学校的发展。

干劲足、热情高的教师队伍

　　傅山小学教师的平均年龄 31 岁,通过听评课、班主任智慧分享、日常班级管理等活动,老师们对教学认真执着,对工作高度负责,尤其是教研活动评课环节中,使我深受触动。授课老师首先谈了自己设计教案的意图以及上课后的感想,老师们进行评课,重点指出需要改进的问题,老师们的评课有点、有面、有感悟,提出了非常合理的意见和建议。"一句话反思"环节,让老师们自我剖析教育教学工作,做到及时调整和改进。这样的教研活动很有实效,对教师的发展有很大的促进作用,尤其是对青年教师的发展能够起到很大的推动作用。

　　感谢这次难得的培训机会,我将带着收获、带着感悟,在今后的教育教学工作中,不断加强学习,提升自己。

教学实战篇

要想上好一堂课，需要有符合课程标准的要求及教学目标。教学内容要保证科学性与思想性，在进行教学时，教师既要突出教材的重点、难点和关键点，又要考虑教材的整体性和连贯性；既要注重新旧知识之间的联系，又要注意理论与实际的结合。高效的课堂教学应该是精心处理教材，设计独具匠心；体现课程理念，过程流畅自然；激发学生情趣，课堂活泼有序；展示教师素质，塑造教师形象；设计合理提问，思维延伸课外；拒绝形式表演，抓紧实质内容；预设课堂情境，吸引学生参与。

　　每次讲课比赛，都离不开学校教研组老师们的精心打磨。收获从学习开始，智慧从交流开始。老师们真诚而精彩的交流，投射着一种智慧，投射着一种魅力。正因为有了教师们的指导、交流，我的课堂教学才有了大幅度提升，各级公开课、优质课比赛都取得了优异成绩。

我的教学策略

2012 年，我来到新兴路学校，教一年级两个班的数学课，这无疑又是一个挑战。因为我从来没有系统地教过一遍小学数学，之前也只是教了四年级、五年级的内容，从来没接触过一年级。于是，在教学中我就多请教同年级的老教师，平时多学习网上优质课，每节课都准备得很充分。我积极参加学校组织的各种听课活动，每次听课我都认真准备，并且把每次讲课都当作是展示自己、提升自己的机会，好好把握。每次活动结束，我都会反思自己在课堂中的得失，同时也感到自己的课堂教学有了很大的进步，我也越来越喜欢教学工作。我非常期待每年暑假的远程研修学习，因为平台上都是我想学的知识。每次学习时，我都仔细听平台推送的优课并做好记录，好的课例我就下载下来反复琢磨，应用于我的课堂教学中。我知道平台推送的课例都是各地市的一等奖，仔细听确实收获很大。

关于教学，我们都知道只要抓好了备课、上课、作业与考试这几个环节，成绩一般没有问题。但是，如果哪个环节出现了问题，效果就会大打折扣。这几年来，我一直坚持把这几个环节落实好，不上无准备之课，课堂上充分调动学生学习的积极性，让他们充分参与到课堂中，作业、考试全批全改，及时找学生谈话，收到了较好的效果。

一年级教授数字 1～10 的写法时，课下学生围在我身边，我们一起编写小儿歌。例如：数字 1 的写法，我们一起说儿歌"起笔碰上线，斜着往下走，碰下线"；数字 2 的写法是"起笔碰上线，拐弯碰中线，斜着往下走碰下点，横着走，碰中线"……就这样，用学生能理解的语言，在轻松愉悦的氛围里教授数字的写法。

二年级学习万以内数的加减法时，我是这样处理课堂练习的：将全班分成四个组,每组有一颗完整的五角星。做题时,每个组找一名代表来黑板上做,做对了,他们组的星就是完整的;出错的话他们组的星就要扣掉一个角。为了保证每个组的五角星都是完整的,学生做题特别认真,唯恐因为自己的粗心而丢掉一个角。在做题的过程中,有的同学遇到困难,可以求助同组成员帮助,帮助他的"小老师"不能简单地只是告诉他怎么做,应该讲方法,这样一来,既锻炼了学生的合作精神,又培养了他们的数学思维。如果做题的过程中第一轮出现错误,允许第二轮补救,这样一来给了学生改正错误的机会,加深了他们对知识点的理解和掌握。这一方法极大地调动了学生学习的积极性,听课时谁都不敢懈怠,竖起耳朵、睁大眼睛,唯恐听不明白,做题再出错,课堂效率大大提高。

学习了用"正"字进行统计之后,在学校进行"文明礼仪之星"评选时,我们就利用所学习的数学知识进行统计,得出结果,这一活动让学生感受到数学来源于生活,并服务于生活,从而提高了学生学习数学的兴趣。同时,也让他们感受到评选的公开、公平和公正,将这种正能量根植于学生的心中。

我的课堂我做主

　　课越磨越细,越磨越精。一次次的公开课,一次次的讲课比赛,让我成长很快。同时,课堂教学也成就了我的梦想——让孩子们快乐地学习数学。下面,我把讲课比赛的教学设计整理归纳,以便反思总结教学中的得失。

　　记得 2009 年参加教学优质课评选时,我讲授的内容是二年级数学"连续进位、退位的三位数的加减法"。那时,我对小学数学的教学还不熟,于是我就请教学校的老教师来指导我的教学设计,跟着他们也学到了很多。在老师们的帮助下,我的课荣获教学优质课一等奖。

　　这节课的教学目标是结合具体情境,进一步体会加减法的意义,会计算连续进位、退位的三位数的加减法;在解决问题的过程中,探索连续进位、退位的三位数加减法的计算方法,培养学生初步的应用意识和能力;让学生经历知识的生成过程,体验解决问题的快乐。这节课的教学重点是会计算连续进位、退位的三位数的加减法;这节课的教学难点是在解决问题的过程中,探索连续进位、退位的三位数加减法的计算方法。

　　针对二年级孩子年龄较小、活泼好动的特点,我用大风车的音乐加入编写的歌词创作了《爱之歌》。上课一开始,师生共同演唱《爱之歌》,这样的设计能较快地让学生进入学习状态,提高学生的学习兴趣。

　　紧接着,创设情境,提出问题。

　　师:同学们,老师给你们带来了一个谜语(投影出示谜语),知道是什么吗?(待学生猜出之后投影出示图片)大家都知道,七星瓢虫吃害虫,是农民伯伯的好帮手,是田园里的小卫士。有一天,王伯伯请七星瓢虫到他的菜园里检查一下害虫,你们想不想去看看它们是怎样捉害虫的?(投影出示信息图)

　　师:观察画面,你们发现了哪些数学信息?小组内一起讨论一下。

小组汇报时老师提示分茄子地和白菜地来说,学生说时教师板书。（及时鼓励表扬学生）

师:根据这些数学信息,你们能提出哪些数学问题?

学生可能提出的问题:一共有多少棵白菜?

一共有多少只七星瓢虫?

还有多少棵茄子没有检查?

茄子比白菜多多少棵?

……

教师对学生提出的问题进行筛选,贴在黑板上。

【设计意图】以谜语的形式导入新课,激起学生的求知欲。

师:我们先来解决刚才大家提出的"一共有多少棵白菜"这个问题。谁来说说要想解决这个问题,需要哪几个数学信息?

学生回答之后,引导学生自己列出算式(注意培养学生完整回答问题的能力,及时表扬,奖励小红旗),后面的几个问题用相应的方法列出算式。

师:算式列好了,怎样计算呢? 在小组内试试好吗?

师:把自己解决问题的方法在小组里交流一下,看谁的方法巧妙。

师:哪个小组愿意把你们的算法说给大家听?

学生可能列出的算法:

估算:$179 \approx 180$ $364 \approx 360$ $179 + 364 \approx 540$(棵)

口算:$100 + 300 = 400$ $70 + 60 = 130$ $9 + 4 = 13$ $130 + 13 = 143$

       $143 + 400 = 543$(棵)

笔算:$179 + 364 = 543$(棵)

$$\begin{array}{r} 1\,7\,9 \\ +\ 3\,6\,4 \\ \hline 5\,4\,3 \end{array}$$

让学生板书竖式,通过观察、比较竖式的写法,让学生说出这个竖式与原来学习的竖式有什么不同? 教师板书这节课的课题"三位数的连续进位加法的计算",找学生说说算理及算法。

师:你们喜欢用哪种方法来计算?

让学生选择自己喜欢的方法,并说明理由。

师:刚才我们计算了"一共有多少棵白菜"的问题。现在你们能用自己喜欢的方法解决"地里一共有多少只瓢虫"这个问题吗?

让学生独立思考,并列竖式解答。全班交流做法。

师:大家已经自己解决了两个加法问题,想一想,我们在计算加法算式时要注意些什么?

根据学生的回答,教师适时进行总结。(投影出示计算法则)

师:下面我们再来解决"还有多少棵茄子没有检查"这个问题。你们能自己试着解决这个问题吗?

学生独立解决问题。

师:把你们的算法在小组里交流一下。

全班交流。

学生可能会列出的算法:

估算:435≈440   276≈280   435−276≈160(棵)

笔算:435−276=159(棵)

$$\begin{array}{r} 4\ 3\ 5 \\ -\ 2\ 7\ 6 \\ \hline 1\ 5\ 9 \end{array}$$

师:让学生板书竖式,通过观察、比较竖式的写法,让学生说出这个竖式与原来学习的什么不同。教师板书这节课的课题"三位数的连续退位减法的计算",找学生说说算理及算法。

师:你们喜欢用哪种方法计算?

让学生选择自己喜欢的方法,并说明喜欢的理由。

师:用你们喜欢的方法解决"已经检查的茄子比白菜多多少棵"这个问题。

学生汇报做法。

师:你们觉得在计算减法时,要注意什么?(投影出示计算法则)

新课结束了,进行课堂训练。

投影出示孙悟空的图片,让学生与孙悟空比眼力,出示两个计算有错误的题目,让学生辨对错。

通过辨对错,总结做此类题目时应该注意什么。(出示友情提示)

【设计意图】二年级的学生年龄小,喜欢动画片,出示孙悟空的图片能够吸引学生的注意力;通过辨对错能够让学生知道在做题时不能出现此类错误;友情提示则能提高学生的总结归纳能力。

拓展延伸,巩固练习。比一比,看哪个小组最棒。

(投影出示三组题目)分小组完成,组长汇报做题情况。教师及时表扬做得好的小组并奖励小红旗。对学生出现的问题,教师要及时进行指导和点拨。

解决问题,根据图片提出问题并解决。先让学生看图说图意,然后根据学生整理的信息提出相应的数学问题,让学生独立解决。

全班交流。归纳总结,谈收获。

师:这节课我们都学习了什么知识? 你们有什么收获?

这节课完成后,我感觉学生配合得很好,课堂中出现的几个问题也处理得比较得当,得到了听课老师的一致好评。

★ 执教"折线统计图"一课

2010 年,我报名参加了钢城区小学数学教学能手评选。这是我进入小学的第二年,对于小数数学教学还不算很熟悉,要想出去参加比赛,必须自己加强学习。当时,学校的数学老师比较少,我们经常在一起研究教学,要想出去比赛,也需要向兄弟学校的老师学习。于是,我联系了莱芜第一实验小学,去听优秀教师的课,与他们一起交流学习,这使我受益匪浅。

区里比赛抽到的课题是青岛版数学四年级下册"折线统计图"。拿到课题,我就跟老师们商量课堂设计。我们定的教学目标是通过条形统计图和折线统计图的对比,认识折线统计图及其作用,会看折线统计图;会对折线统计图进行简单的分析,并能根据折线统计图的数据变化做出正确的推测,解决生活中的一些问题;通过解决生活中的问题,感受折线统计图在生活中的广泛应用,体会数学与生活的密切联系。我们的教学重点是了解折线统计图的特点和作用;会画、会看折线统计图,能够对折线统计图进行简单的分析,从而做出正确的推测,解决一些问题。

我们把整个教学过程分为以下几个部分。

一、组织教学　师生共同拍手做——传递快乐

师：同学们，在上课之前，我们先来放松一下，做个小游戏，名字叫"传递快乐"（老师先做示范，边说"我把快乐传给你"边把拍手传给后面的同学）。

【设计意图】以师生共同做拍手游戏的形式组织教学，能使学生较快地进入学习状态，提高学生的学习兴趣；另外，通过拍手传递快乐，让学生学会分享。

二、创设情境　提出问题

师：同学们，2008年8月8日，那是一个让全中国人民都激动的日子，你们知道为什么吗？

生：2008年奥运会在北京举行。

师：你们知道那是第几届奥运会吗？

生：第28届。

师：你们知道在第28届奥运会上，中国代表团共获得多少枚金牌吗？（找学生回答）那第27届、26届奥运会，中国代表团共获得多少枚金牌呢？（出示投影，显示中国代表团历届奥运会金牌获奖情况统计表。）

师：前面我们已经学习了用条形统计图来表示一组数据的变化情况，同学们能不能根据老师提供的统计表用条形统计图表示出来。（提前给学生准备好表格纸，学生开始画条形统计图。）

师：（等同学们画好了）同学们，除了条形统计图，还有一种统计图能很好地反映一组数据的变化情况，想知道是什么吗？（引出课题——折线统计图，板书课题。）

【设计意图】以学生熟悉的话题导入新课，激起学生的学习兴趣和求知欲。

三、自主探索　解决问题

（1）认识折线统计图，会画折线统计图。

师：（投影出示课前准备好的一幅折线统计图）同学们看，这就是一幅折线统计图，在生活中的什么地方见到过这种统计图？（学生找出生活中的折线统

计图,投影出示画面。)

师:刚才我们认识了折线统计图,那你们能不能自己试着画一下折线统计图呢? 请以小组为单位,把奥运会中国代表团历届金牌获奖情况用折线统计图画出来,看哪个小组合作得最好。

师:哪个小组愿意把你们的画法说给大家听?(老师把提前准备的表格贴在黑板上,让小组内的几个同学边画边说,画完之后,其他同学提出问题。)

师:让我们一起来看看刚才的画图步骤。(投影出示画图,边说边演示,让学生加深对画图的印象。)

巩固练习:出示学校近年来学生近视情况统计表,让学生画出折线统计图。

【设计意图】一是巩固新知识;二是对学生进行教育,注意保护视力。

(2)比较条形统计图和折线统计图的联系与区别。

师:(出示投影奥运会中国代表团历届获金牌的情况统计图)请同学们看这幅折线统计图,你们发现了哪些信息?

学生回答。

师:(投影出示条形统计图和折线统计图)同学们看这幅条形统计图,你们获取了哪些信息? 它能反映什么?(根据学生的回答,结合上一个问题,让学生找出条形统计图和折线统计图的联系与区别,教师点拨。)

待学生回答后,教师投影出示二者的联系与区别:条形统计图能清楚地表示出数量的多少;折线统计图不仅能清楚地表示出数量的多少,而且能够清楚地表示出数量的增减变化情况。

四、创新特色总结

本节课从学生感兴趣、熟悉的话题入手,引导他们自主探究,合作交流,关键时刻教师加以点拨;设计一些比较有代表性的题目加以巩固,注重培养学生的口语表达能力,从而提高学生的逻辑思维能力。另外,注重对学生进行情感教育,让学生体会到数学来源于生活,也服务于生活。

本节课上完后,听课的老师也向我反馈效果挺好,特别是在课堂导入环节,利用学生熟悉的情境导入新课,效果很好。练习的设计也紧贴生活实际,能够解决生活中的实际问题,设计得非常好。

★ "用字母表示数"教学设计

一、教学目标

(1)在理解掌握本单元知识的基础上,学会运用所学知识解决实际问题。

(2)在自主预习的基础上学习本课内容。

(3)让学生体会"用字母表示数"在数学学习和研究过程中的优势,体会知识间的相互联系。

教学重难点:学会运用所学知识解决实际问题。

二、教学过程

(一)课前谈话,组织教学

师:都说咱班的孩子眼睛亮,老师来考考你们。我姓什么?

生:张。

师:你们怎么知道的?

生:大屏幕上有。(教师提前打开课件)

师:果然名不虚传。再考考你们的眼力。(课件出示法国数学家韦达的照片)这是谁?

(有的孩子犹豫,有的孩子知道。让知道的孩子回答,教师表扬评价。)

师:这是法国数学家韦达,他是第一个系统地提出用字母表示数的人,他的一生都致力于数学研究,为数字的发展做出了重要贡献,成为那个时代最伟大的数学家之一。同学们,你们想成为数学家吗? 只要你们上课认真听讲,积极动脑,善于发现问题;同学之间互相学习,互相合作,相信你们也会成为我们班的"数学家"。那就让我们带着这个梦想一起走进今天的课堂吧。

(二)学生回顾,自主整理

师:刚才说到了"用字母表示数",这是我们第一单元要学习的内容,今天我们就一起来对本单元的内容进行回顾和整理(教师板书课题)。请同学们结合课本,把学到的知识用自己喜欢的方法整理一下,把它整理在自己的练习本上,待会儿我们一起交流分享。

(三)交流分享

师:谁来说说你整理的内容?

学生回答。

师:根据学生的回答适当分类,板书。

<table>
<tr><td>用字母表示数</td><td>意义</td></tr>
<tr><td></td><td>求值</td></tr>
<tr><td>用字母表示数</td><td></td></tr>
<tr><td>用字母表示数量关系</td><td>常见</td></tr>
<tr><td></td><td>计算公式</td></tr>
</table>

师:你们看,老师整理了这一单元我们学习的内容,让人一目了然。今天,老师还给同学们带来了其他的整理方法,如用文字分类来整理,用表格来整理,用树权形式来整理。学会整理与归纳是学习数学的一种重要方法,以后同学们可以参考老师给出的整理方法,选择自己喜欢的方法对所学知识进行归纳总结。

(四)知识点复习

师:梳理好了本单元的主要内容,我们逐个来进行复习。先来看用字母表示数的意义与方法。能举例说一下吗?(出示两个例子,学生回答。)

师:用字母表示数的时候,有哪些书写上的注意事项?

生:数字写在前,字母写在后,乘号省略……

教师根据学生的回答及时总结评价。(投影出示书写注意事项,强调 $a^2 = a \times a, 2a = a + a$。)

师:刚才我们复习了用字母表示数的意义与方法,其实,用字母表示数在生活中的应用是非常广泛的(投影出示例题。学生解决)。当 $a = 50$ 时,四(二)班捐了多少元?

学生回答解题步骤。

师:好,课本第一个信息窗的内容我们就复习到这里,你们掌握得怎么样?让我来考考你们。(投影出示跟踪练习题。学生回答,教师及时总结评价。)

师:下面来复习用字母表示数量关系这个知识点。你们知道有哪些常用的数量关系?

生:路程=速度×时间,总价=单价×数量……

师:你们能用字母表示我们学习的平面图形的计算公式吗?

生:$s=ab$,$c=4a$,$c=(a+b)×2$,$s=a^2$……

师:老师看看你们对这个信息窗的内容的掌握情况。(出示跟踪练习题。)

(五)巩固练习,当堂达标

师:你们都学会了吗?请同学们拿出信封里的达标测试题,迅速完成。(老师巡视,集体订正总结。)

(六)学以致用,能力提升

投影出示题目:你们能根据图中的数学信息说出一个含有字母的式子吗?

生:$m+n$,$m-n$,$2m+n$,$2m-n$……

(七)分享收获,分享快乐

师:同学们,这节课你们有什么收获?

生:我学会了用字母表示数;我学会了用字母表示数量关系……

师:老师把你的收获用字母 a 来表示,他的收获用字母 b 来表示,她的收获用字母 c 来表示……全班同学的收获用 N 来表示,那么 $N=a+b+c+$……

最后,用爱因斯坦的一句话来结束我们的这次课堂:成功=艰苦的劳动+正确的方法+少说空话,用 A 表示成功,X 表示艰苦的劳动,Y 表示正确的方法,Z 表示少说空话,我们一起大声地说出这个成功秘诀。$A=X+Y+Z$。老师祝愿同学们在以后的人生道路上都能取得成功。

★"11~20 各数的认识"教学设计

一、教学目标

(1)能正确认识 11~20 各数并数出数量在 11~20 之间的物体个数。

(2)初步认识计数单位"一"和"十",认识数位"个位"和"十位"。

(3)知道11～20各数的组成。

(4)体会数与生活的联系。

二、教学过程

(一)创设情境,提出问题

师:同学们,今天老师给你们带来一首歌曲,跟着歌曲拍手。(播放视频歌曲《海鸥》)歌曲中唱的是什么?

生:海鸥。

师:今天海边飞来了一群可爱的海鸥,走,我们一起去看看。(出示主题图。)

师:同学们,请仔细观察,你们发现了什么?

(二)操作探索,解决问题

(1)解决问题。

师:沙滩上一共有几只海鸥?

让学生拿出手中的图片纸,仔细数一数(学生说方法,老师投影出示,先一个一个地数,再两个两个地数)。那11表示什么呢?我们来研究一下。

研究方法一:摆小棒。

师:用一根小棒代表一只海鸥,那11只海鸥用多少根小棒?看谁能摆得让大家不用数,就能一眼看出有11根。拿出你们手中的小棒来摆一下。(注意要轻轻地拿,轻轻地放。)

学生可能会一根一根地摆,两根两根地摆,三根三根地摆,五根五根地摆。

师:把10根小棒捆成一捆,是几个十?还有几根?大家看,这样一眼就能看出是11了。(教师演示10根捆成一捆。)

师:11里面有1个十和1个一。11是由1个十和1个一组成的。(板书:10个一就是1个十。)

研究方法二:用计数器拨一拨。

老师介绍计数器上的数位,从右边数,第一位是个位,第二位是十位。(演示:在个位上拨一个珠子表示1个一,2个表示2个一。在十位上拨一个表示1个十,让同学们试着自己来拨,交流拨法。)

(2)学习写数、读数。

投影出示写法,先从高位写起,也就是从左边写起,写作11,读作十一。

学生在练习纸上写数12、13。

(三)巩固练习,加深印象

(1)练习数数。同学们,小海鸥听说你们学得很起劲,高兴地飞起来了,我们一起来做海鸥飞翔的样子,一边做一边数数,从11数到20。

(2)生活中的数字。投影出示生活中的11～20各数,让学生找到这些数,并读一读。

(四)课堂小结

我们今天认识了11到20十个新朋友。生活中处处都有这些数字,让我们一起带着这双善于观察和发现眼睛,走进我们的生活,去寻找更多的数学知识吧。

★ "平均数"教学设计

一、教学目标

(1)结合生活实例,理解平均数的意义,探求平均数的基本方法。根据具体情况,运用平均数分析与解决实际问题,根据统计结果做出简单的判断和预测。

(2)在具体情境中培养整理数据、分析数据的意识和能力,体会统计的作用及价值。

(3)让学生进一步体会数学与生活的密切联系,体会运用数学知识解决问题的乐趣,培养学生善于观察、善于思考、善于探索的学习习惯。

二、教学过程

(1)谈话导入。

师:同学们喜欢什么体育运动?

生:篮球、乒乓球、羽毛球、足球、跳绳……

师:你们猜张老师喜欢什么体育运动?

生：……

师：胜利小学篮球队的同学们正在进行篮球比赛，我们一起去看看（投影出示信息图）。下面是七号和八号运动员参加小组赛的得分情况，观察表格，你们发现了哪些数学信息？

生：七号运动员第一场得九分，八号运动员第二场得了13分，第三场得了……

师：七号运动员第二场和第五场得分画了一条横线是什么意思？

生：没有上场。

师：对，画横线说明这场比赛他没有参加。让我们来看七号运动员参加了几场比赛？八号运动员参加了几场比赛？根据这些信息，你们能提出什么数学问题？

生：谁的投篮水平高……

师：好，这节课我们就来解决这个问题——谁的投篮水平高？同学们来说一下，你们认为谁的投篮水平高？

生：七号，八号……

师：同学们有的说七号，有的说八号。那到底谁的投篮水平高呢？我们应该从哪个方面进行思考呢？请同学们拿出探究学习单（投影出示合作探究要求）。你们想从哪方面比较他们的投篮水平？完成探究学习单第一题，然后小组内交流想法。

师：好，我们一起来交流一下。你是怎样做的？

生1：我是把他们的总分加起来，七号：$9+11+13=33$（分），八号：$7+13+12+8=40$（分），所以八号运动员投篮水平高。

生2：这样不行，他们的上场次数不同，应该是计算他们每场的平均得分。七号运动员每场的平均得分是$(9+11+13)÷3=11$（分），八号运动员每场的平均得分是$(7+13+12+8)÷4=10$（分），所以七号运动员投篮水平高。

师：同学们，我们来看一下这两种做法，哪个对呢？（投影出示两种做法）

生：第一个不对，因为他们上场的次数不相同，求他们两个每场的平均得分合适。

师：是啊，显然是求他们的平均得分合适，这样更具有代表性。这节课我们就来学习一个数据的代表——平均数（板书课题）。

（2）合作探究，求平均数的策略和方法。

师：刚才我们说了七号、八号运动员的每场平均得分，那怎样来求他们每场的平均得分呢？我们可以借助统计图来研究（投影出示统计图），请同学们用圈一圈、画一画或算一算的方法，求出七号和八号运动员每场的平均得分各是多少，完成探究学习单第二题。

师：哪位同学来分享一下自己的想法。

生：用圈一圈的方法，把多的移给少的，让他们同样多，得到七号运动员每场的平均得分是 11 分，八号运动员每场的平均得分是 10 分。

师：非常好，这位同学的方法叫作移多补少（板书），这是一种重要的数学方法，能帮助我们解决一些数学问题。还有用其他方法的吗？

生：我用列算式的方法，先求他们的总分，再除以他们出场的次数，求出每场的平均得分。

师：非常好，我们来看下这位同学的做法，你们能总结出计算平均数的公式吗？

师：你知道"10 分"是八号运动员哪场的得分吗？（投影出示八号运动员得分情况统计图）

生：既不是第一场的得分，也不是第二、三、四场的得分。

师：那它表示什么？

生：它表示的是八号运动员四场得分的平均分数。

师：对，10 是 7、13、12、8 这四个数的平均数。

师：（投影出示 7 号运动员得分情况统计图）11 是哪几个数的平均数？

生：11 是 9、11、13 这 3 个数的平均数。

师：平均数能够较好地反映一组数据的整体水平。

师：你们能找到生活中的平均数吗？

生：平均分、平均身高、平均体重……

师：早在三千多年前，我国就已经产生了平均数的思想。"君子以哀多益寡，称物平施。"这句话的意思是君子总是损多益少，衡量各种事物，然后取长补短，使其平均。这里用了我们说的移多补少。

（3）走进生活,应用新知识。

师:(投影出示第一题)小明一定比小强轻吗?

生:不一定。因为平均体重代表的是两个小组同学体重的整体水平,不代表某个人的体重,所以不能确定小明就一定比小强轻。

师:在练习纸上完成第二题(集体订正,发现解决问题的多样性)。

三、分享快乐,分享收获

学生谈收获,老师进行小结:这节课我们学习了平均数,学会了求平均数的方法,知道了平均数是反映一组数据的整体水平。课下,请同学们利用所学的知识计算一下你们小组里四个同学的平均年龄和平均身高。只要同学们带着一双充满智慧、善于发现的眼睛走进生活,就会发现更多的生活奥秘。

★ "相交与平行"教学设计

一、教学目标

（1）结合生活情境,了解同一平面内两条直线的位置关系——平行与相交,能用工具画出一组平行线。

（2）在知识探究活动中,培养观察、想象、动手操作的能力,发展初步的空间观念。

（3）感受数学与生活的密切联系,体会数学的应用价值,激发学生学习数学的兴趣。

二、教学过程

（一）回顾梳理,引入新课

师:同学们,上课前我们先猜个谜语怎么样?请看大屏幕,谁来读?(指定学生读谜语。)

师:谁知道谜底?

生:线段。

师:线段有两个端点。

生:直线。

师:直线可以向两端无限延长。

生:射线。

师:射线可以向一端无限延长。

师:同学们,老师希望你们在生活中能够像直线一样无忧无虑,自由自在。遇到困难时能像射线一样,勇往直前。让我们带着这份希望,开启我们今天的数学学习吧。

【设计意图】根据上学期学过的线段、射线、直线的知识,以猜谜语的形式引入新课,激起学生兴趣;同时,针对线段、射线、直线的特征对学生渗透德育教育。

(二)创设情境,提出问题

师:同学们,在上学和放学的路上,会经过许多繁华的街道。马路上的车辆非常多,为了保证行人的安全、交通的畅通,马路上修建了许多交通设施。请看大屏幕。你们发现了哪些数学信息?谁想来说?

生:马路上有线。

生:停车场有线。

生:路灯上有线。

生:路障上也有线。

师:同学们的眼睛真亮,发现了这么多数学信息,知道这些交通设施中都有线。现在请同学们拿出学习单,把你们刚才看到的交通设施中的线用笔画出来。

师:刚才我看同学们都画得非常好。交通设施中的线是不是这样的呀?(课件出示)这几组直线存在怎样的位置关系呢?这节课我们就一起来研究一下交通中的线。

【设计意图】从学生熟悉的生活情境入手,使学生感受到数学与生活的密切联系,有利于激发学生的学习兴趣,调动学生学习的积极性。让学生把生活中具体的线在纸上画下来,为后面的分类感知提供丰富的素材。

(三)合作探索,解决问题

1. **分类——感悟特征**

师:为了研究方便,我们把这些线标上序号好不好(课件出示)。现在以小组为单位,看看这些线应该怎样来分。然后小组内交流一下分类的标准是什么?

师:谁想来分享一下你是怎么分的?

生1:①②③⑥一组,④⑤一组。

师:你的分类标准是什么?

生:一类是相交的,一类是不相交的。

师:哦,有没有不同意见? 你来说说你想怎么分?

生2:①③⑥一组,②④⑤一组。

师:②中这两条线是相交的吗?

生3:②是单独一组的,分成三类。

生4:把②延长就会相交。

师:我们来试试。把这条线延长,因为它是直线,直线可以怎么样?

生:直线可以向两边无限延长。

师:把这条边延长,另一条边也延长,相交了吗?

生:相交。

师:也就是说,②表面上看是没有相交的,但是延长后就相交了。那这六组直线我们怎么分类最合适呢?

生:①③⑥一组,②④⑤一组。

师:也就是说,我们看问题时不能只看表面,要透过表面看到问题的本质才行。

【设计意图】分类讨论思想是培养学生有条理地思考和形成良好的数学思维品质的一种重要而有效的方法。本环节让学生按一定的标准将这几组直线进行分类的过程,就是促使学生把握和区分每组直线的位置关系的相同点和差异的过程,为后面平行与相交概念的讲解做好准备。在学习过程中,学生的分类方法不同,体现了学生的思维和认知水平的差异。要充分利用好这些宝贵的资源,引导学生展开交流,才能让学生深层次地理解和把握平行与相交的概念本质。

2.归纳——掌握特征

师:(多媒体课件展示延长后的变化)现在我们就把②④⑤放在一类。请同学们看大屏幕。那么,相交的这个点,我们把它叫什么呢?(板书画出一组相交

的直线)

生:相交点。

师:相交的这个点在数学上我们把它叫作交点。(板书:交点)

师:(课件出示)①③⑥这三条直线是怎么样的呢?小组内在合作探究单上把①③⑥这三组线延长,观察一下会出现什么情况?

师:完成了吗?我们一起来看大屏幕。是不是这样的?你们发现了什么?谁想来说?

生:延长以后不相交。

师:不论怎么延长,永远不相交,是这个意思吧?那么不相交的两条直线是什么关系呢?

生:互相平行。

师:不相交的两条直线互相平行。(板书:不相交的两条直线互相平行)

【设计意图】将直线分成不同的两组,再分别来研究每组直线的共同特点,理解平行与相交。

(四)联系生活,深化认识

1. 生活中的平行

师:现在我们认识了平行。那么,同学们来找一找,生活中有哪些互相平行的例子啊?(学生举例:斑马线、停车线、桌子两边的线、冰箱两边的线、路灯、地砖等。)

师:看来生活中处处有平行的例子。今天老师也带来了一些,你们看,哪些是平行的?(课件出示生活中平行的例子:双杠、五线谱等)

【设计意图】让学生找出生活中的平行线,加深对平行的认识,体会数学的应用与生活的密切联系,激发学生学习数学的兴趣,增强其自信心。

2. 认识同一平面

师:老师带来了两条线,(出示教具)这样的两条线是什么关系?谁能来说一说?

生:相交的。

师:你来指一下它们在哪个地方相交,交点在哪里呀?

(生指不出来。)

师：相交了吗？

生：没有。

师：这条线往哪延长？那一条线往哪延长？它们是一路吗？能相交吗？

（生边指边回答。）

师：那不相交的两条直线就是互相平行。这两条直线平行吗？

生：不平行。

师：它们不相交也不平行，为什么呀？

生：因为它们不在同一个平面内。

师：不在同一个平面内能不能说相交，能不能说互相平行？

生：不能。

师：也就是说，相交和平行，他们的前提是什么？

生：在同一个平面内。

师：对。只有在同一个平面内，我们才说这两条直线相交或者互相平行。同一个平面内是两条直线相交或互相平行的前提条件。如果直接说，不相交的两条直线互相平行，行不行？

生：不行。

师：我们来练习一下。（课件出示题目）上面一条线，右面一条线，它们是什么关系？

生：不在同一个平面内。

【设计意图】借助长方体不同面上的两条直线，让学生直观地理解"相交"和"互相平行"是同一平面内两条直线的位置关系。

3. **强化互相平行**

师：下面老师来考考你们。判断下面图形中的两条直线是不是互相平行的？第一组，是不是？

生：不是，相交了。

师：第二组呢？

生：不是，延长之后相交。

师：第三组？

生：不是，不在同一个平面上。

师：这两条呢？

生：是。

师：他们为什么是啊？

生：他们都在同一个平面上，不相交，就是互相平行。

师：那怎样的两条直线是互相平行呢？谁想来说一下。

生：在同一平面内不相交的两条直线互相平行。

（课件出示定义：在同一平面内不相交的两条直线互相平行。其中一条直线就是另一条直线的平行线。）

师：在同一个平面内两条直线有哪几种位置关系呀？

生：相交和互相平行。

师：这就是我们这节课要学习的内容，平行与相交。

【设计意图】边学边练，深化理解，再塑概念。通过练习使学生加深对互相平行的理解，总结出同一平面内两条直线的位置关系。

（五）动手实践，探讨画法

师：认识了平行线后，你们能试着画一组平行线吗？现在请同学们拿出学习单，用你们喜欢的方法画出一组平行线。利用手中的学具先自学，然后再完成。

师：画好了吗？谁想来说说你是怎么画的？

生1：用两支铅笔画。（演示）

生2：用尺子画。（演示）

生3：用两把尺子画。（演示）

师：还有其他方法吗？

生4：用点子图画

生5：用方格纸画。

师：同学们想到的方法非常多，现在我们一起来看大屏幕，演示一下刚才同学们的画法。

【设计意图】这一环节先让学生自学课本，然后动手实践画出平行线，充分体现了学生的主体地位，调动了学生学习的积极性。这样，就使学生的个体经验在交流与共享中得以丰富，思路在碰撞与沟通中得以融合，空间观念在自己描述和听取他人描述的过程中得到发展。

(六)巩固练习,应用提高

师:这节课你们学得怎么样呢?老师想来考考你们。请同学们拿出练习纸,快速完成上面的题目。

师:我们来看第一题。下面哪组中的两条直线互相平行?谁来说?

师:第二题,在点子图上画出这条直线的平行线。这样画行不行?这样画行不行?有好多画法,你们做对了吗?

师:现在咱们来做一个动手游戏。拿着你们的练习纸,对折再对折,看看发生了什么,折痕是什么情况?

生1:平行。(演示)

生2:相交。(演示)

师:把两种情况都折出来感受一下,同桌互相说一说。

师:(课件出示)你们看,这里有一条直线,我想让你们画出它的平行线。你们想怎么画?

【设计意图】练习题的设计既能增强学生对基础知识的掌握,又有一定的拓展和深化,注重了层次性和趣味性。通过练习,学生进一步掌握了新知识,感受到数学就在我们身边。

(七)回顾整理,提升思考

师:同学们,到了我们分享收获的时候了,这节课你们有哪些收获?

(学生回答。)

师:这节课我们收获了在同一平面内的两条直线的两种位置关系,一是相交,二是互相平行。我们还知道在同一平面内不相交的两条直线互相平行。

师:(出示课件)同学们,这节课的内容其实在我们的生活中处处有体现。我们美丽的校园中也有许多有关平行线的知识。课下让我们一起走出教室,带着一双充满智慧的眼睛去寻找更多的数学知识吧。

【设计意图】师生全面总结本节课的学习内容,通过反思回顾,培养学生梳理概括知识的能力。另外,出示校园中有关平行线的知识,引导学生将数学知识与生活相联系,激发学生的学习兴趣,感受数学与生活的密不可分。

★ "轴对称图形"教学设计

一、教学目标

(1)能用折纸等方法确定对称轴,根据对称轴判断已知的图形是不是轴对称图形,并能画出轴对称图形的对称轴。

(2)能够利用轴对称图形对称的特点画出图形的另一半,使之成为轴对称图形,加深对轴对称图形的理解。

(3)进一步发展学生的空间观念,培养学生学习数学的兴趣。

二、教学过程

(一)情境引入

(1)出示山水图、蝴蝶图、剪纸图案、京剧脸谱图片。提问:这几幅图有什么共同的特征?(都是轴对称图形)教师指着蝴蝶图提问:你们怎么知道它是轴对称图形的?

(2)导入新课。这节课我们将继续学习有关轴对称图形的知识。(板书课题)

(二)交流共享

(1)认识轴对称图形以及对称轴。

(投影展示蝴蝶图片,沿着一条直线对折,两边能够完全重合,得出轴对称图形的定义。)

师:刚才在折纸过程中,你们还发现了什么?

师:像这样对折,折痕所在的直线叫作轴对称图形的对称轴。(投影展示对称轴。让学生观察对称轴应该怎样画,和之前学习的虚线有什么不同。)

(练习画出金鱼图片的对称轴。学生拿出 1 号练习纸。)

(2)找一找生活中的轴对称图形。投影展示生活中轴对称图形的图片。生活中不缺少美,缺少的是发现美的眼睛,只要平时注意观察,美就在我们身边。

(3)平面图形中的轴对称图形。

师:哪些图形是轴对称图形?

(让学生拿出文件袋中的图形纸片,小组合作,用对折实验的方法进行验证,填写好研究记录表。)

师:哪些是轴对称图形,哪些不是,为什么?

(长方形和正方形和圆形是轴对称图形,而平行四边形不是轴对称图形。教师追问:为什么长方形、正方形和圆形是轴对称图形,而平行四边形不是轴对称图形? 教师引导学生认识到长方形和正方形和圆形经过对折,折痕两边能完全重合;平行四边形经过对折后,折痕两边不能完全重合。)

师:请同学们说一说轴对称图形的对称轴。(投影展示,学生口答。)

(4)在方格纸上画出轴对称图形的另一半。

师:猜猜看,另一半是什么?(投影出示卡通人物喜羊羊的一半,让学生猜。)

(在方格纸上画出另一半,小组交流完成,说说自己的画法。)

学生可能有以下方法:一是用描点的方法。先数格子,找出对应的顶点,再连接这些点,画出图形的另一半。二是用涂色的方法。左边是什么图形,就在右边涂相应的图形。

师:我们在方格图上画出轴对称图形的另一半时,应该注意什么?(投影出示作图步骤)

(三)分享收获,分享快乐

让学生说一说这节课有哪些收获,教师总结。

(四)图片欣赏,布置作业

欣赏图片,投影出示轴对称图形的图片,感受数学的美。另外,利用本节课学习的知识,让同学们自己设计一幅美丽的作品,送给爸爸妈妈。

★ "分数的初步认识"教学设计

一、教学目标

(1)能结合具体情境,初步理解分数的意义,能正确地认、读、写简单的分数。

(2)知道分数各部分的名称;体验数学与现实生活的密切联系。

(3)在初步认识分数的同时,培养学生对数学的兴趣。

二、教学过程

(一)情境引入,揭示平均分

师:同学们,我们班组织的劳动教育实践活动——走进蛋糕店,让同学们了解了蛋糕的制作过程,体验了做蛋糕的乐趣,品尝到了自己的劳动成果。今天数学课上我们一起来研究藏在蛋糕里的数学奥秘。

师:看,这是几个小队做的蛋糕。一队做了几个?

生:四个。

师:二队呢?

生:两个。

师:三队呢?

生:一个。

师:这三个队的同学想把做的蛋糕平均分给两个小朋友,怎么分才公平呢?

生:平均分。(板书:平均分)

师:那我们一起来帮他们分一分吧。一队的四个蛋糕平均分给两个小朋友,每人分几个?

师:二队呢? 两个蛋糕平均分给两个小朋友,每人分几个?

生:一个。

师:三队只有一个蛋糕,平均分给两个小朋友,怎么分呢?

生：每人分一半。

师：看，我们把一个蛋糕平均分成两份，一份就是一半。

师：刚才我们在分蛋糕的时候，一队每人分得两个，用数字 2 来表示；二队每人分一个，用数字 1 来表示；三队每人分一半，这个一半能用我们学习的整数表示吗？

生：不能。

(二)概念建构

1. 理解并掌握二分之一的意义

(1)符号的创造，揭示分数各部分名称。

师：那一半怎么表示呢？请你们用数字或符号试着来表示一下一半，把你们的想法写在练习本上，并在小组内交流一下你的想法。

(学生分享交流。)

师：在数学的学习中，平均分用一条短横线表示，平均分成两份，在短横线下面写 2，其中的一份，则在短横线上面写 1。(教师边讲解边板书，投影出示写法以及各部分表示的名称)那这个数叫什么呢？

生：分数。

师：这就是我们这节课学习的内容——分数的初步认识。

师：你看，分数有几部分组成？分别是哪几部分？

生：三部分。

师：中间的小短线表示平均分，叫分数线；平均分成两份，短横线下面的 2 叫分母，上面的 1 叫做分子。分数是由分数线、分母、分子三部分组成的，那这个分数怎么读呢？读作二分之一，先读平均分成几份，再读其中的几份。

生：二分之一。

师：在写分数的时候，我们通常先写短横线，表示平均分；再写分母，表示平均分成几份；再写分子，表示其中的一份。好，跟老师一起来写 $\frac{1}{2}$。

(2)理解 $\frac{1}{2}$ 的意义。

师：我们班的同学心灵手巧，不仅会做蛋糕，而且还是折纸高手，那你能折

出一张纸的 $\frac{1}{2}$ 吗？请同学们用学具袋中的纸片,折一折、涂一涂,表示出它的 $\frac{1}{2}$。

生:展示折的 $\frac{1}{2}$。

(3)进一步理解 $\frac{1}{2}$ 的意义和平均分。

师:我们班的同学不仅心灵手巧,还有"火眼金睛"呢? 你们看,下面图形的涂色部分能用 $\frac{1}{2}$ 表示吗? 小组内先说一说。

生:回答,第三个不行。
师:为什么?
生:没有平均分。
师:对,平均分才能用分数表示呢。

2. 理解掌握几分之一
(1)创造四分之一。
师:看来同学们的"火眼金睛"真是名副其实啊,老师为你们精彩的表现点赞! 现在,我们已经帮三队同学分好了蛋糕,一个蛋糕平均分成两份,每人分得一份,也就是这个蛋糕的 $\frac{1}{2}$。可是他们又遇到了新的问题,他们继续向我们求助,我们帮不帮?

生:帮!

师:同学们真是有爱心啊。我们来看看他们遇到了什么新的问题。看,把一个蛋糕平均分成四份,其中的一份怎么表示?

生: $\frac{1}{4}$。

(2)认识几分之几。
师:把一个蛋糕平均分成八份,其中的一份怎么用分数来表示?

生: $\frac{1}{8}$。

师:那把这个蛋糕平均分成八份,其中的三份怎么用分数表示呢?

生：$\frac{3}{8}$。

师：你们能告诉三队用分数来表示时有什么小妙招吗？

生：平均分成几份就在分母上写几，分得其中几份就在分子上写几，中间再写一个分数线就可以了。

师：你们说得真清楚。看来同学们不但会思考，还非常善于总结、发现规律，老师太佩服你们了。

（3）创造几分之几，进一步理解分数的意义。

师：今天我们学习了分数，你们能创造一个分数吗？请同学们用学具袋中的纸片折一折、涂一涂，创造一个分数，小组内说一说。

（学生展示分享。）

（三）找出分数与生活的联系，丰富对分数概念的理解

（1）联系生活中的分数，感受数学与生活的联系。

师：我们在这些图形中找到了分数，那么你们能找到线段中的分数吗？

生：能。

师：看来，不仅在蛋糕中、图形中有分数，在线段中也有分数呢。同学们，其实，分数在我们的生活中也是处处可见的。你们看，雨伞上有分数，切西瓜时也能看到分数，只要善于观察，就会发现生活中处处有数学。

（2）达标检测，巩固对分数的意义的理解。

师：这节课的知识你们学得怎么样？下面老师来考考你们，请同学们拿出手中的达标测试，完成上面的题目。一起订正。

（3）了解分数的由来。

师：看来同学们掌握得不错。今天我们学习的分数是怎么来的呢？我们一来看看分数的演变过程。（播放视频）

生：古人真有智慧啊。

（四）收获总结

师：快乐的数学课马上就要结束了，到了我们分享快乐、分享收获的时刻了！谁来说一说，这节课你有哪些收获？

师：这节课我们不但学习了知识，还帮助三队解决了生活中的实际问题，让老师重新认识了心灵手巧、聪明伶俐、善于思考、乐于助人的你们。同学们,其实,我们的数学来源于生活,又服务于我们的生活,让我们带着充满智慧的眼睛走进生活,走进数学,去发现更多的数学奥秘吧!

★ 执教"认识面积"一课

师:明明搬新家啦,我们一起去看看! 这就是她新家的平面图,仔细观察,从图中能发现哪些数学信息? 根据这些信息,能提出什么问题?

师:同学们的眼睛可真亮,提出了这么多有价值的问题! 那我们就先来解决刚才这位同学提出的问题:餐厅和厨房哪个面积大? 说到了面积,那面积是什么呢?(板书面积)谁想来说一下? 我们发现了,物体表面的大小就是他们的面积。那现在同学们能说一下长方形和正方形的面积是什么吗?

师:好,看来现在同学们都知道什么是面积了。那我们就来比较一下厨房和餐厅哪个面积大。要解决这个问题呀,我们可以借助平面图来研究。我们来看餐厅是什么形状?(正方形)厨房是什么形状?(长方形)请同学们拿出信封中代表餐厅和厨房的两张纸片,小组合作比一比,能不能比较出他们的大小呢?

师:把他们的一边重叠在一起,可以看出正方形比长方形的面积大。现在我们再借助学具,小组合作来研究一下。听好老师的要求:请同学们拿出信封,利用里面的圆片或正方形学具,在正方形和长方形卡纸上摆一摆,完成探究记录表。

(老师在巡视过程中请三个小组分别展示利用三种不同的学具来摆放,留在黑板上展示。)

师:比较以上的几种摆法,同学们来想一想,用什么图形来摆更合适? 为什么?

生:用圆不合适,摆满后还有空隙,用两种正方形摆都合适。

师:那同样是用正方形来摆,这个用了 4 个,那个用了 16 个,为什么不一样呢?

生:因为用的正方形大小不一样。

师:用不同的单位来测量同一图形,结果不一样。所以,我们需要统一面积单位。常用的面积单位有哪些呢？有平方厘米、平方分米和平方米。现在，请小组长们把我们用到的学具装回信封里收好。

师：说到了面积单位，你们知道什么是1平方厘米吗？边长为1厘米的正方形，它的面积是1平方厘米，可以写作 1 cm²。你们知道1厘米有多长吗？你们能用手来比一比吗？请同学们拿出信封里的小正方形纸片，这就是一个边长为1厘米的正方形，同学们来摸一摸，拿尺子量一量、比一比，感受一下。现在同学们来想一想，我们生活中有哪些物体表面的面积大约是1平方厘米呢？

生：一角硬币，一个键盘按键……

师：大家可真是善于观察的好孩子，现在老师想请同学们帮个忙，你们能用这个1平方厘米的正方形测量出课桌桌面的面积吗？

师：你们发现了什么？太麻烦了，怎么办？有没有大一点的面积单位呢？现在请同学们拿出信封里的大正方形纸片，这就是一个边长为1分米的正方形。同学们可以量一量、摸一摸，来感受一下。你们知道1平方分米有多大了吗？那你们能来找一找我们生活中有哪些物体表面的面积大约是1平方分米吗？

生：电灯开关，烟灰缸，光盘……

师：老师还有一个困难，你们能再来帮帮老师吗？你们能用1平方分米的正方形测量一下我们教室地面的面积有多大吗？还有更大的面积单位吗？1平方米有多大呢？谁能来说说？同学们伸开双臂，这大约是一米，那你们能来说一说我们生活中有哪些物体表面的面积大约是1平方米吗？

生：四张课桌的面积大约是1平方米……

师：看来啊，我们的身边处处有数学，只要我们善于发现，数学就在我们身边。这就是我们这节课学习的内容——认识面积。

又到了分享快乐、分享收获的时候了，谁能来说说这节课都有哪些收获？

嗯，我们认识了面积，还认识了常用的面积单位——平方厘米、平方分米和平方米。课下请同学们利用所学知识完成课堂检测。

名师工作室——成长的摇篮

2017 年 10 月,学校成立了名师工作室,我是工作室的负责人。工作室成员大都比较年轻,缺乏工作经验,我带领工作室成员认真研究教材教法,注重多方位培养学生的学习能力和学习习惯。在教学中,注重盘"活"资源,引导学生活学活用,把抽象的数学课上得生动活泼,收到了事半功倍的学习效果。

2021 年,我们工作室承担了青岛版小学数学"小数的意义"这一单元的教材修订,工作室成员聚在一起,查资料、探讨问题,圆满地完成了这项任务。通过这次活动,每位成员都系统了解了小数意义的内容和实质,对课程标准有了进一步的认识。通过一次次的研讨、学习,工作室老师的业务水平和课堂教学能力得到了大幅度提高。

下面,具体介绍"小数的意义"这一单元的修订情况。

★ "小数的意义"自主练习修订说明

改动 1:删除自主练习第 4 题,把第 5 题提上来。

原有教材呈现方式:

4. 下面是小明的体检表。

身高	1.45米
体重	38.4千克
视力	左5.1 右5.3

小明的身高是一点四五米。

小明的视力是……

小明的体重是……

你的体检结果如何?互相交流一下。

5.把相等的数连起来。

0.09　　0.27　　0.027　　2.7　　0.9

$\dfrac{27}{100}$　　$\dfrac{9}{10}$　　$\dfrac{27}{10}$　　$\dfrac{27}{1000}$　　$\dfrac{9}{100}$

改动后教材的呈现方式：

4.把相等的数连起来。

0.09　　0.27　　0.027　　2.7　　0.9

$\dfrac{27}{100}$　　$\dfrac{9}{10}$　　$\dfrac{27}{10}$　　$\dfrac{27}{1000}$　　$\dfrac{9}{100}$

【设计意图】练习题题量多，第四题与本课"小数的意义"联系不大，故予以删除。

改动2：自主练习第6题题干加入"拨一拨"，改为"照样子拨一拨、说一说"。

原有教材呈现方式：

6.照样子说一说。

0.2　　0.07　　1.35　　4.6　　0.125　　3.021

0.2里面有2个0.1。

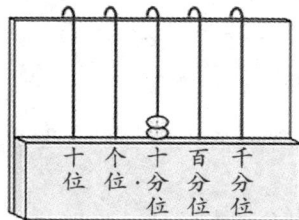

十位　个位·十分位　百分位　千分位

改动后教材的呈现方式：

5. 照样子拨一拨、说一说。

0.2　　0.07　　1.35　　4.6　　0.125　　3.021

0.2里面有2个0.1。

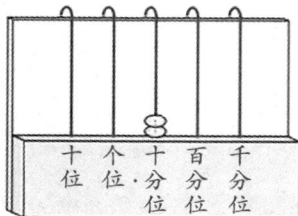

【设计意图】此题因为展示了计数器,题意中应该加入"拨一拨",让学生边拨边说,加深对小数意义的理解。

改动3: 删除自主练习第9题。

原有教材呈现方式:

9. 火眼金睛辨对错。

(1)课桌的高度是0.76米。　　　　　　　　　　(　　　)

(2)王林的身高是14.6米。　　　　　　　　　　(　　　)

(3)四年级一班肖莹同学的体重大约是3.15千克。　(　　　)

【设计意图】练习题题量多,第9题与本课"小数的意义"关系不大,故予以删除。

改动4: 自主练习第10题提到第6题的位置,第11题提到第9题的位置,第12题提到第10题的位置。

【设计意图】为了练习的层层递进,也为了版式设计更加清晰,故做此设计。

改动 5:把聪明小屋改为"你知道吗?"加入"小数的由来与历史"数学文化知识。

原有教材呈现方式:

聪明小屋

用下面的卡片，按要求摆出不同的小数。

| 6 | . | 3 | 1 | 0 |

（1）小于1的三位小数。
（2）大于6的三位小数。
（3）0不读出来，且小数部分是两位的小数。

改动后教材的呈现方式:

你知道吗?

中国自古以来就使用十进位制计数法，一些实用的计量单位也采用十进制，所以很容易产生十进分数，即小数的概念。第一个将这一概念用文字表达出来的是魏晋时代的刘徽。他在计算圆周率的过程中，用到尺、寸、分、厘、毫、秒、忽等7个单位；对于忽以下的更小单位则不再命名，而统称为"微数"。到了宋、元时代，小数概念得到了进一步的普及和更明确的表示。杨辉《日用算法》(1262年)载有两斤换算的口诀:"一求,隔位六二五;二求,退位一二五。"这里的"隔位""退位"已含有指示小数点位置的意义。

【设计意图】聪明小屋的练习与信息窗2联系较密切,安排在信息窗2的位置比较合适。把"你知道吗""小数的由来与历史"加入信息窗1,让学生了解数学文化知识。

★ "小数的大小比较和小数的性质" 自主练习修订说明

改动1：删除自主练习第9题。

改动前：

---

9. 下面是几种食物每100克所含的主要营养成分。

食物名称	蛋白质（克）	脂肪（克）	维生素 B$_1$（毫克*）	维生素 B$_2$（毫克）
小麦面粉（标准面）	9.9	1.8	0.46	0.06
大白菜	1.0	0.2	0.02	0.04
黄　豆	36.3	18.4	0.79	0.25
黑木耳	10.6	0.2	0.15	0.55
银　耳	5.0	0.6	0.002	0.14

(1)上表中哪种食物的蛋白质含量最高？

(2)丽丽缺乏维生素 B$_1$，她可以多吃些什么？

(3)你还能提出什么问题？

*毫克是质量单位，1克＝1000毫克。

【设计意图】这个题目是想让学生比较每100克中所含主要营养成分的多少，但题目中出示的含量有克和毫克两个单位，名数的改写在窗口4中学习，关于单位的换算在窗口2中出现，学生容易混淆，增加了学生学习的难度。因此可以删除，把此类型的题放到信息窗口4的练习中。

改动2：删除自主练习第10题。

改动前：

【设计意图】本题是想让学生自己写一个小数,然后与3.06进行比较。前面关于比较小数大小的练习已经能够让学生掌握比较大小的方法了,因此删除此题。

改动3: 自主练习第12题。

改动前:

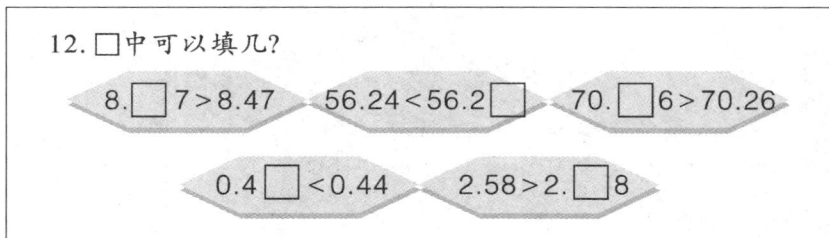

改动后:

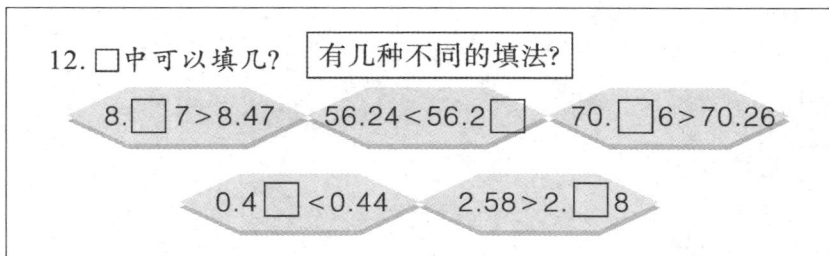

【设计意图】本题考查的是小数比较方法的应用。追问"有几种填法",可以引导学生总结方法,把可以填的数都找出来,且不遗漏、不重复,培养学生思维的严谨性。

★ "小数点位置移动引起小数大小的变化"修订说明

改动 1:把原有教材的第一个红点问题中算一算的算式中的等号对齐、得数对齐,而不是将前面的数字对齐。

原有教材呈现方式:

改动后教材的呈现方式:

【设计意图】算式这样排列，更容易让学生清楚地感受小数点的移动以及由小数点移动所带来的数的大小变化。

改动 2：把第二个红点问题中算一算的算式中的等号对齐、得数对齐，而不是将前面的数字对齐。

原有教材呈现方式：

把0.08分别扩大到它的10倍、100倍、1000倍，结果是多少？

0.08扩大到它的10倍，就是把它乘10。

我用计算器算一算。

把0.08分别扩大到它的10倍、100倍、1000倍，就是把小数点……

$0.08 \times 10 = 0.8$
$0.08 \times 100 = 8$
$0.08 \times 1000 = 80$

改动后教材的呈现方式：

把0.08分别扩大到它的10倍、100倍、1000倍，结果是多少？

0.08扩大到它的10倍，就是把它乘10。

我用计算器算一算。

把0.08分别扩大到它的10倍、100倍、1000倍，就是把小数点……

$0.08 \times 10 = 0.8$
$0.08 \times 100 = 8$
$0.08 \times 1000 = 80$

【设计意图】算式这样排列，更容易让学生清楚地感受小数点的移动，以及由小数点移动所带来的数的大小变化。

★ "小数点位置移动引起小数大小的变化" 自主练习修订说明

改动1：原自主练习第6题删除题干中"把相等的数连起来"这一要求。

6.把相等的数连起来。

6.600	27.600
2.09	6.6
0.004	2.90
27.60	0.400

3.14	0.08
0.597	10.020
10.02	3.140
0.080	5.97

【设计意图】此题考察的是小数的性质，属于信息窗2的内容，与"小数点的移动"这个知识点关系不大。

改动2：删除原自主练习第13题。

13. 填一填。

(1)一本字典厚1.8cm，10本厚（　　）cm，100本厚（　　）cm；

1000本厚（　　）cm，合（　　）分米。

(2)一本书封面面积大约是2.5平方分米，100本这样的书封面面积大约是（　　）平方分米，合（　　）平方米。

【设计意图】课本自主练习中第8、10、11题都是此种类型的练习题目，考察内容重复。

★ "名数的改写"修订说明

改动1： 在第一个红点问题出示之后，增加一个名数的概念，然后在探究活动后加上一个问题。

原有教材呈现方式：

改动后教材的呈现方式：

想一想：怎样进行名数的改写？

我发现有高级单位化成低级单位，乘它们的进率，小数点向右移动……	我发现有低级单位化成高级单位……

【设计意图】本节课学习名数的改写，通过简单的介绍让学生明白什么样的数是名数，从而为这节课的学习做了铺垫；从设计上想一想，怎样进行名数的改写，这一环节能够培养学生思考、归纳总结的能力。下面出示的名数改写的方法，能够让学生进一步明确名数改写的方法和规律，便于学生更好地掌握这一知识点。

改动2：把小电脑提出的问题改为红点问题，加入解题过程。

原有教材呈现方式：

你能解决下面的问题吗？

1米26厘米=_____米　　2.39千克=_____千克_____克

改动后教材的呈现方式：

你能解决下面的问题吗？

1米26厘米=_____米　　2.39千克=_____千克_____克

像2.39千克带有1个单位名称的数叫单名数，像1米26厘米这样带有2个或2个以上的单位名称的数叫复名数。

我这样想：

26 厘米＝0.26 米

1 米＋0.26 厘米＝1.26 厘米

1 米 26 厘米＝1.26 厘米

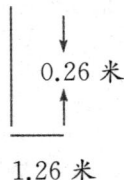 我用线段图来想：

1 米 26 厘米＝＿＿＿＿米

0.26 米

1.26 米

我这样想：

2.39 千克＝2 千克＋0.39 千克

0.39 千克＝390 克

2.39 千克＝2 千克 390 克

我用线段图来想：

2.39 千克＝＿＿＿＿千克＿＿＿＿克

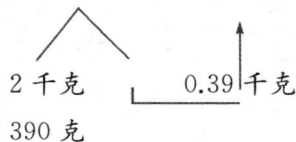

2 千克   0.39 千克

390 克

想一想：单名数和复名数怎样进行互化？

【设计意图】单、复名数的互化是本节课学习的重点，也是学生第一次接触这个名词，所以先简单地介绍单名数、复名数的定义，让学生知道什么是单名数，什么是复名数；接着，出示几个单、复名数互化的方法，供学生在自学预习时参考；最后，让学生总结单、复名数怎样进行互化，培养学生勇于探索、善于思考的理性精神，提高他们归纳总结知识要点的能力。

改动3:加入"你知道吗?"板块。

你知道吗?

名数

名数,指名位礼数;名籍;户籍;富有数量单位名称的数。语本《左传·庄公十八年》:"王命诸侯,名位不同,礼亦异数。"

【设计意图】加入"你知道吗?"这一板块,让学生了解名数在古文中的意义,引导学生感悟数学文化的魅力,增强学生的民族自豪感。

★ "名数的改写"自主练习修订

改动1:删除自主练习第2题。

2. 填一填。

年份	国家	吉尼斯世界纪录	改写
2005	德国	最重的西瓜121.5千克	( )克
2006	美国	最高的仙人掌23.77米	( )千米
2010	英国	最长的黄瓜1.19米	( )厘米
2010	美国	最重的南瓜821.2千克	( )克
2010	英国	最重的苹果1.849千克	( )克
2011	英国	最高的向日葵8.03米	( )分米

【设计意图】该题是名数的改写,与第一题考查内容重复。

改动 2: 将第 5 题"估一估,测一测"作为课外实践放在最后,让学生课后完成。

> 5. 估一估,测一测。
>
>   (1)你的好朋友身高约_____米或_____厘米。
>
>   (2)你的课桌高大约_____分米或_____米。
>
>   (3)数学课本封面面积大约_____平方分米。
>
>   (4)掂掂你的书包,大约重_____千克。
>
>   (5)背一背你的同学,他大约重_____千克。

【设计意图】此题上课时间内完成影响正常进度。

改动 3: 删除自主练习第 9 题的"在括号里填上'米'或'千米'"这一要求。

> 9. 在下面的括号里填上"米"或"千米"。
>
> (1)"神舟九号"进入轨道的运行速度为每秒 7.9(   )。
>
> (2)动车的速度为每小时 300(   )。
>
> (3)飞机的飞行速度为每秒 200(   )。

【设计意图】该题主要考查学生对"米"或"千米"这两个单位名称的理解,该内容低年级时已学过,在这里出现与本信息窗内容不符。

★ "求小数的近似值"修订说明

改动: 加入"你知道吗?"板块。

你知道吗?

　　游标卡尺,是一种测量长度、内外径、深度的量具。游标卡尺由主尺和附在主尺上能滑动的游标两部分构成。

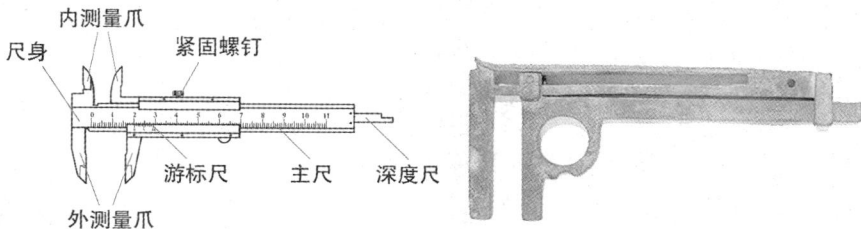

东汉铜卡尺

　　游标卡尺作为一种被广泛使用的高精度测量工具,是刻线直尺的延伸和拓展,最早起源于中国。在北京国家博物馆中珍藏的"新莽铜卡尺",经过专家考证,是全世界最早的卡尺,制造于公元 9 年,距今已有 2000 多年的历史。1992 年 5 月,在扬州市西北 8 千米处的邗江县甘泉乡(今邗江区甘泉镇)的一座东汉早期的砖室墓中,出土了一件铜卡尺,此铜卡尺由固定尺和活动尺等部件构成。固定尺通长 13.3 厘米,固定卡爪长 5.2 厘米、宽 0.9 厘米、厚 0.5 厘米。固定尺上端有鱼形柄,长 13 厘米,中间开一导槽,槽内置一能旋转调节的导销,循着导槽左右移动。

　　【设计意图】加入"你知道吗?"版块,可以加深学生对古代生产生活的认识,体会古代人民的智慧。同时,通过学习数学的文化价值,引导学生感悟数学文化的魅力,增强学生的民族自豪感。

★ "平行四边形的面积"说课稿

　　我说课的课题是"平行四边形的面积",下面我将从教材分析、教学目标、教法学法、教学过程、板书设计五个方面进行阐述。

一、教材分析

平行四边形面积的计算是在学生掌握了平行四边形的特征以及长方形、正方形面积计算的基础上学习的,是进一步学习三角形、梯形等图形面积的基础。因此,本节课的内容在整个教材体系中起着承上启下、举足轻重的作用。

二、教学目标

根据以上对教材的分析以及"新课标"的要求,结合学生的认知水平,我确定了以下教学目标。

(1)通过学生的自主探索、动手实践,推导出平行四边形的面积计算公式,理解和掌握平行四边形的面积计算公式,能正确求出平行四边形的面积。

(2)给学生演示平行四边形面积公式的推导过程,通过操作、观察、比较、讨论等活动,使学生初步认识转化的方法,发展学生的空间观念。

(3)培养学生的分析、综合、抽象、概括和解决实际问题的能力;使学生感受数学与生活的联系,培养学生的数学应用意识,体验数学的价值。

三、教法学法

"新课标"指出,数学教学是数学活动的教学,是师生之间、学生之间交往互动、共同发展的过程。根据教材内容的特点和学生的思维特点,我选择了直观演示法、引导发现法、自主探索、合作交流法、讲练结合等方法的优化组合,充分发挥教师的点拨作用,调动学生的能动性,引导学生动手操作、比较分析、归纳概括、获取知识,从而达到训练思维、培养能力的目的。

四、教学过程

为了突出学生的主体地位和教师的主导作用,充分体现"以学生发展为本"的教学理念,我设计了以下四个教学环节。

(一)创设情境,导入新课

联系生活实际是吸引学生的有效方法。本节课,我先与学生交谈,引出校园的实景图,让学生找一找学过的平面图形,复习长方形和平行四边形的特征、长方形的面积,然后向学生抛出"怎样求平行四边形的面积"这一问题,引出本节课的课题。这样,既复习了相关的知识点,为本节课的学习做了铺垫,又充分调动了学生的积极性,激起了学生渴望新知识的好奇心。

(二)合作探究,获得新知

在这个环节,首先出示底是 6 厘米、另一条边是 5 厘米、高是 4 厘米的平行四边形,让学生大胆猜想一下怎样计算这个平行四边形的面积,学生可能会出现 6 cm×5 cm＝30 cm² 和 6 cm×4 cm＝24 cm² 两种不同的算法。

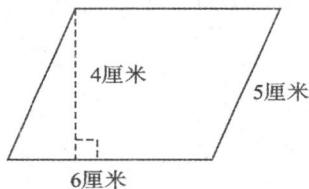

那学生的猜想正确吗？我们用数格子的方法进行验证。接下来组织学生以小组为单位进行合作探究,我出示合作要求:以小组为单位,利用学具袋中的学具,用自己的方法数一数平行四边形的面积是多少？小组内说一说你是怎么数的,然后全班交流。

学生在交流汇报时,可能会出现两种不同的方法:一是把不满一格的拼成满格来数,二是把左边的三角形整体平移到右边,对齐来数,得出平行四边形的面积都是 24 平方厘米。从而学生就会得出结论,平行四边形的面积是底乘高,而不是邻边相乘。根据学生的结论,我顺势引导学生思考怎样去验证这个结论是否正确。接着组织学生进行第二次合作探究进行验证,然后全班交流,在探究前出示以下合作要求。

(1)同学们利用学具袋中的学具,以小组为单位,剪一剪,拼一拼,在剪和拼的过程中,仔细观察,说一说你是怎样剪的,怎样拼的？

(2)小组内说一说原来的平行四边形和拼成的图形有哪些等量关系？

(3)你能根据拼成的图形的面积求出平行四边形的面积吗？

学生在交流汇报时,让学生边演示边说出自己的方法,并说说自己的发现。学生可能会有两种不同方法:一种是沿着一条高把平行四边形剪成三角形和梯形,然后拼成长方形;一种是沿着一条高剪成两个梯形,然后拼成长方形。教师引导学生说清楚是沿着平行四边形的一条高剪开,然后平移,拼成长方形,平行四边形的面积和拼成的长方形的面积相等。平行四边形的底是拼成的长方形的长,平行四边形的高是拼成的长方形的宽。

也就是说,平行四边形的面积和拼成的长方形的面积相等,长方形的面积＝长×宽,长方形的长就是平行四边形的底,长方形的宽就是平行四边形的高,因此平行四边形的面积＝底×高。然后,我来总结,把平行四边形转化成长方形,像这样把未知的转变成已知的方法就是数学上常用的转化的数学思想。

在整个探究过程中,我让学生通过大胆猜想、动手验证、合作交流、归纳总结,从具体到抽象、从感性到理性循序渐进、渗透转化的数学思想,把一个平行四边形转化为一个与它面积相等的长方形,使学生明确图形之间的内在联系,从而引导学生从已经学过的图形面积计算公式推导出新的图形面积计算公式,有效地突破了教学难点。本节课学生的主体地位得到体现,在探索过程中培养了学生的抽象概括能力、思维能力和创新意识,发展了学生的空间观念,为今后的学习打下良好的基础。

(三)分层练习,提高能力

"新课标"指出,要面向全体,适应学生个性发展的需要,使得人人都能获得良好的数学教育,不同的人在数学上得到不同的发展。因此,我设计了以下几个不同层次的习题:一是基本练习,达到巩固新知的目的;二是技巧练习,进一步强化新知的理解和掌握;三是拓展练习,培养学生灵活运用新知识的能力。这样的练习安排有密度、有坡度,体现了层次性、针对性,从而调动了学生学习的积极性,使每个学生都体会到成功的乐趣。

(四)回顾反思,体验快乐

学会回顾与反思,学会体验与分享,也是学习数学的一种方法。此环节,我引导学生回顾反思自己的学习过程,进行评价,与别人分享自己的收获,体验数学学习的乐趣。

五、板书设计

最后说一下板书设计,好的板书设计板就是"微型教案"。所以,板书设计以简单明了为根本宗旨,重点突出,清晰易记。

总之,本节课我的设计理念是始终注意充分发挥学生的主体作用,实现师生互动,让学生通过自主探究、合作交流、愉快地完成本节课的学习任务。这使我认识到,教师不仅要教给学生知识,更重要的是培养学生的数学素养和良好的学习习惯。

★ "用乘法、除法两步计算解决问题"说课稿

我这次说课的课题是"用乘法、除法两步计算解决问题"。下面我将从教材分析、教学目标、教法学法、教学过程、板书设计五个方面进行阐述。

一、教材分析

本课是在学生学习了连乘、连除两步运算解决问题的基础上进行教学的,为今后学习较复杂的实际问题打下基础。

二、教学目标

根据我对教材的分析以及"新课标"的要求,结合学生的认知水平,我确定了以下教学目标。

(1)经历从实际生活中发现问题、提出问题、分析问题和解决问题的过程,会用连乘、连除两步计算解决实际问题。

(2)在解决问题的过程中,体验解决问题策略的多样化,培养学生观察、思考问题的意识。

(3)感受数学在日常生活中的作用,初步形成运用数学知识解决问题的能力。

三、教法学法

"新课标"指出,数学教学是数学活动的教学,是师生之间、学生之间交往互动、共同发展的过程。根据教材内容的特点和学生的思维特点,我选择了直观演示法、引导发现法、自主探索法、合作交流法、讲练结合法等相关方法的优化组合,充分发挥教师的点拨作用,调动学生的主观能动性,引导学生发现问题、

分析问题、解决问题,从而达到训练思维、培养能力的目的。

四、教学过程

为了突出学生的主体地位和教师的主导作用,充分体现"以学生发展为本"的教学理念,我设计了以下四个教学环节。

(一)创设情境,提出问题

生动有趣的情境是吸引学生的有效方法。本节课,我利用多媒体课件出示情境图,引导学生搜集数学信息,提出问题,筛选出有价值的数学问题让学生自己来思考和解决,充分调动了学生的积极性,提高了学生发现问题、提出问题的能力。

(二)合作探究,解决问题

本环节先来解决第一个问题:三种颜色的花一共摆了多少盆? 为了解决这一问题,我组织学生以小组为单位合作探索,开展学习活动。下面是我出示的合作要求。

(1)同学们利用老师下发的学具,以小组为单位,摆一摆,说一说,看看三种颜色的花一共摆了多少盆?

(2)根据摆的图形,小组内说一说怎样列式计算,并说说每步算式的意义是什么? 先求什么? 再求什么?

(3)列出算式,计算出结果,写在练习纸上。

学生通过交流合作,可能得到不同的结论,有列分步算式计算的,有列综合算式计算的。这时,我引导用分步列式的学生尝试列综合算式解决,从而引出课题——用乘法两步计算解决问题。对于综合算式,只要学生能讲清道理,我都给予肯定。

接下来解决第二个问题,每个花架的每层平均摆了多少盆花? 有了前面的基础,我放手让学生独立思考,尝试自主解决,小组内交流,然后班内汇报。让学生说说解决问题的过程,先求什么? 再求什么? 学生可能会有不同的方法。

对于学生的方法,我给予鼓励和肯定。

在这一过程中,通过让学生动手操作,培养他们探索、解决问题的能力,再通过反馈,有效地突破了教学难点。学生的主体地位也得到了尊重,从被动接受知识变为主动探索,在探索过程中独立思考,在相互交流中不断完善自己的方法,促进了学生创新意识的培养。

(三)分层练习,提高能力

"新课标"指出,要面向全体,适应学生个性发展的需要,使得人人都能获得良好的数学教育,不同的人在数学上得到不同的发展。因此,我设计了以下几个不同层次的习题:一是基本练习,达到巩固新知的目的;二是技巧练习,进一步强化新知的理解和掌握;三是拓展练习,培养学生灵活运用新知的能力。这样的练习安排有密度、有坡度,体现了层次性、针对性,从而调动了学生学习的积极性,使每个学生都能体会到成功的乐趣。

(四)回顾反思,体验快乐

学会回顾与反思,学会体验与分享,也是学习数学的一种方法。在此环节中,我引导学生回顾、反思自己的学习过程,进行评价,与别人分享自己的收获,体验数学学习的乐趣。

五、板书设计

最后说一下我的板书设计,好的板书设计就是"微型教案",所以板书设计以简单明了为根本宗旨,重点突出,清晰易记。

总之,本节课我的设计理念是始终注意充分发挥学生的主体作用,实现师生互动,让学生通过自主探究、合作交流,愉快地完成本节课的教学任务。这使我认识到,教师不仅要教给学生知识,更重要的是培养学生的数学素养和良好的学习习惯。

★ "对称"说课稿

一、教材分析

"对称"这节课是青岛版小学数学三年级下册第一单元的内容,属于图形与几何的范畴。这节课是在已经学习了一年级下册第三单元"认识图形"的基础上进行教学的,同时又为四年级下册第六单元"对称平移与旋转"的学习打下了基础。

二、教学目标

根据"新课标"的要求,考虑到教材的特点和学生的年龄特征,我将本节课的教学目标确定为以下几个方面。

(1)初步感知对称现象,认识轴对称图形,了解轴对称图形的特点并能准确判断出图形是不是轴对称图形。

(2)通过具体操作、观察分析、合作交流等实际活动,培养学生的空间观察能力,发展学生的空间观念。

(3)通过欣赏、感受生活中的对称美,培养学生初步的审美素养,让学生体会数学与生活的联系。

三、教学过程

基于对教材的理解,我将本节课的教学重点确定为通过观察操作活动,认识对称和轴对称图形,发展学生的空间观念;将本节课的教学难点确定为会判断一个图形是不是轴对称图形。

学生是学习的主体,为了突出学生的主体地位和教师的主导作用,体现以学生发展为主的教学理念,我将本节课的教学过程设计为以下四个环节。

(一)创设情境,提出问题

一节新授课,富有情趣的导入能够激发学生的学习兴趣,拨动他们的思维之弦。本节课我以民俗话题导入,唤起了学生的学习兴趣。我用多媒体出示课本图片,引导学生仔细观察图片,提出数学问题:这三幅图有什么共同点?从而调动学生的学习积极性,提高学生发现问题和解决问题的能力。

(二)合作探究,解决问题

针对上一环节提出的问题,我让学生独立思考,说一说自己的想法。通过交流,学生发现剪纸金鱼的上下两边是一样的,风筝、脸谱的左右两边是一样的,从而得出结论,这些物体都是对称的,进而引出本节课的课题——对称。

接下来,我让学生小组合作进行研究,同时出示合作要求:①拿出学具袋中的学具动手折一折,你有什么发现?②小组内交流你的发现。通过交流,学生发现这些图形对折后两边能完全重合,像这样对折后两边能完全重合的是什么图形呢?引导学生说出什么是轴对称图形。接着,我出示轴对称图形的定义:对折后两边能够完全重合的图形就是轴对称图形。

接着,我让学生找一找生活中的轴对称图形。我用课件出示了一些轴对称图形的图片,让学生感受数学来源于生活,体会到生活中的对称美。

本环节我设计了让学生动手操作、合作交流的环节,有效地突破了本课的教学重点和难点。学生的主体地位也得到了体现,从被动接受学习转变为主动探索交流,提高了学生的学习积极性,促进了创新意识和动手能力的发展。

(三)课堂练习,巩固提升

"新课标"指出,教育要面向全体,适应所有学生个性的发展。由此,我设计了以下两类练习题:基础练习,找一找哪些是对称的,以此达到巩固新知识的目的;技巧练习,下面哪些图形是轴对称图形,进一步促进知识的理解和掌握。

这样的习题设计具有针对性、层次性,能够提高学生的积极性,使学生获得成功的体验,体会到成功的乐趣。

(四)回顾反思,分享收获

让学生回顾、反思本节课的学习内容,一起分享快乐,分享收获。

我的本节课小结:这节课我们认识了对称,知道了轴对称图形就是沿一条直线对折,对折后两边的部分能够完全重合,这样的图形就是轴对称图形。

四、板书设计

最后,说一下我的板书设计。板书是一节课的精髓所在,我力求用简洁、概括的文字以及简单的构图来突出本节课的教学重点和难点,凝练而直观地体现出教学内容。

总之,我的设计理念是始终注意突出学生的主体地位,注重师生互动,让学生通过自主探索,合作交流,愉快地完成整个学习过程。

★ "小数乘整数"说课稿

一、教材分析

小数乘整数是青岛版小学数学四年级上册第八单元的内容,是本单元的起始课,是在学生已经学习了整数乘法的意义和方法,因数与积的变化规律,小数的意义、性质以及小数加减法基础上,进行讲授的,在整个"数与计算"模块中具有承上启下的作用。

二、学情分析

合理把握学情是上好一堂课的关键,四年级的学生已经有了一定的知识储备,能够在教师的指导下建立新旧知识间的联系。为此,我做了课前测试,包括整数乘整数、因数与积的变化规律、小数的性质和意义等。通过测试,我发现大部分学生对相关知识掌握得比较好,虽然还有小部分学生对因数与积的变化规律和小数的基本性质掌握得不是很扎实,但对知识的理解没有问题。

三、教学目标

根据以上对教材和学情的分析以及"新课标"的要求,结合学生的认知水平,我确定了以下教学目标。

(1)掌握小数乘整数的计算方法,能正确进行竖式笔算,理解算理,会解决小数乘整数的实际问题。

(2)经历小数乘整数计算方法的探索过程,体会数学知识间的内在联系,培养初步抽象、概括和简单的逻辑推理能力。

(3)在合作交流中,体验数学学习的快乐,感受数学与生活的联系,了解古人的智慧,增强民族自豪感。

四、教法学法

"新课标"指出,数学教学是数学活动的教学,是师生之间、学生之间交往互动、共同发展的过程。根据教材内容的特点和学生的思维特点,我选择了创设情境法、引导发现法、自主探索法、合作交流法、讲练结合法等方法的优化组合,充分发挥教师的点拨作用,利用多媒体、板书、学习任务单等教学手段调动学生的能动性,引导学生去思考,比较分析,归纳总结,从而达到训练思维、培养能力的目的。

五、教学过程

为了突出学生的主体地位和教师的主导作用,我设计了以下五个教学环节。

(一)创设情境,导入新课

联系生活实际是吸引学生的有效教学方法。本节课,我先由谈话导入,从小当家交水电费的情境出发,让学生体会生活中处处有小数,并根据信息提出问题。首先,引导学生解决第一个问题:八月份的水费是多少钱?学生列出算式后说一说这样列式的理由。接着,通过两个问题——与我们以前学过的乘法有什么不同?该如何计算?充分调动学生的积极性,激起学生渴望新知识的好奇心。

(二)合作探索,获得新知

1.自主探索,小组交流

针对上面的问题,我首先让学生估算,随后给出研究提示,放手让学生根据已有的知识尝试解决。

经过自主探索和小组交流,学生分享了以下几种解决方法:单位换算法、化乘为加法、因数与积的变化规律法、竖式法等。

2.理解算理,探究算法

通过一连串的问题——这几种方法都对吗?它们的共同点是什么?哪种方法最简便?引导学生发现这几种方法都是将小数转化成了整数来计算的,体现了"转化"这一数学思想。通过各种方法的比较,学生发现用竖式计算最简便,同时让学生说一说在计算过程中是怎样将小数转化成整数的?学生很容易想到把 3.2 扩大到 10 倍就是 32,先算 $32 \times 4 = 128$,再根据因数与积的变化规律,把 128 缩小到原来的十分之一,得到 12.8。此时,我继续追问,这里的 32 表

示的意义是什么？根据小数的意义,学生不难发现 32 表示 32 个十分之一,32
个十分之一乘 4,得到的是 128 个十分之一,也就是 12.8。通过因数与积的变化
规律和小数意义的相互结合,我帮助学生理解算理,突破难点。

在列竖式计算过程中,也有学生提出了不同意见,他们认为,根据小数加减
法的竖式写法,应将相同数位对齐,也就是 4 和 3 对齐。针对这一问题,我通过
小组辩论,说算理,让学生明白计算 3.2 乘 4,是先算的 32 乘 4,所以只需要按照
整数乘法的对齐方法,将 4 和 3.2 的小数部分 2 对齐就可以了。对于这类问题,
我抓住时机,及时引导,既解决了小数乘整数竖式中数位对齐的问题,也让学生
对算理又一次进行理解巩固。

3. 深入理解,总结算法

有了第一道题的经验,我放手让学生独立完成第二个问题:八月份的电费
是多少钱?并请学生讲出计算的过程和对算理的理解。

完成两道题后,我和学生一起回头看这两题的计算过程,找它们的相同点,
点出课题,并引导学生仔细观察因数中小数的位数和积中小数的位数,先小组
内交流,然后总结出小数乘整数的计算方法:小数和整数相乘,先按整数乘整数
的计算方法计算,然后看因数中一共有几位小数,就从积的右面起数出几位点
上小数点。

(三)分层练习,深化认识

"新课标"指出,要让人人都能获得良好的数学教育,使不同的人在数学上
得到不同的发展。因此,我设计了以下三类不同层次的练习题:一是基本练习,
达到巩固新知的目的;二是技巧练习,进一步强化对新知的理解和掌握;三是应
用练习,培养学生灵活运用新知的能力。这样安排的练习有密度、有梯度,体现
了层次性、针对性,使每个学生都能体会到成功的乐趣。

(四)拓展延伸,提升素养

让数学文化融入课堂,让数学文化浸润学生的心灵,教学中我给学生展示
了古人计算小数乘整数的方法,介绍 2300 多年前"清华简"中的《算表》,让学生
感受古人的智慧和中国历史悠久的数学文化。

(五)回顾反思,体验快乐

学会回顾、反思与分享也是一种学习数学的方法。此环节中,我引导学生

回顾、反思自己的学习过程,与别人分享自己的收获,体验数学学习的乐趣。

(六)优化作业,减负增效

为落实"双减"政策,减轻学生课业负担,提高作业的有效性,我对课后作业进行了分层设计,这样既满足了大部分学生的学习要求,同时又为学有余力的学生留下自由发展的空间。

六、板书设计

好的板书设计就是"微型教案"。所以,我的板书设计以简单明了为根本宗旨,重点突出,清晰易记。

总之,本节课我始终注意充分发挥学生的主体作用,实现师生互动,渗透迁移转化的数学思想,通过让学生大胆尝试、自主探索、合作交流、归纳总结,有效地突破了教学重难点,愉快地完成了本节课的学习任务。这也使我认识到,教师不仅要教给学生知识,更重要的是培养学生的数学素养和良好的学习习惯。

★ "小数乘整数"试讲稿

刚才老师发给同学们三张学习任务单,请同学们按顺序放好,准备好学习用品。之前老师通过课前测试,发现同学们对之前的知识掌握得都非常棒,这些知识可以帮助我们更好地学习今天的内容,准备好了吗,我们开始上课。

同学们听说过"地球一小时"活动吗?这是一项全球性的节能活动,每年三月的最后一个星期六晚上 8:30 到 9:30,通过关掉不必要的电器,来激发人们节约能源、保护地球的责任感。今天我们课上也来了一位节能小当家,我们一起来看看吧。

一、导入

师:观察情境图,你们知道了哪些数学信息?(生回答)同学们的眼睛真亮,找到了这么多有用的数学信息。

师:根据这些信息可以提出哪些数学问题?(生回答)同学们真了不起,提出了这么多有价值的问题。

师：这节课我们重点解决这两个问题，首先来解决第一个问题：8月份的水费是多少钱？该怎样列式呢？（生回答）2.8×4，说说你的理由。

师：这道算式与我们以前学过的乘法算式有什么不同呢？

生：算式里出现了小数。

师：算式里出现了小数，也就是说这是一道小数乘整数的题目，那这正是我们这节课要学习的内容。

师：2.8×4怎样计算呢？我想请同学们小组合作来解决这个问题。先听好合作提示：①小组内先说一说2.8×4表示的意义；②讨论2.8×4的计算方法，然后在学习任务单上记录下计算过程。

二、分享

师：各小组讨论得都非常热烈，想出了好多计算方法，哪个小组来分享一下？

生：我们小组用的是单位换算法，2.8元＝28角，28×4＝112角，112角＝11.2元，所以2.8×4＝11.2元。大家同意我的做法吗？

师：大家同意吗？这位同学表达得非常清楚，得到了同学们的一致认可，掌声送给他。这个小组其实是利用了转化法，把小数转化成了整数来计算的，真是善于思考。哪个小组还有不同的方法？

生：我们小组是根据乘法的意义，2.8×4表示4个2.8相加是多少，所以2.8×4＝2.8＋2.8＋2.8＋2.8＝11.2元，大家同意吗？

师：这个小组是根据2.8×4的意义来计算的，真是让老师刮目相看。哪个小组还有不同的方法，来，说说看。

生：我们小组是用竖式法，把2.8看成28，先算28×4＝112，再把小数点落下来也是11.2。大家同意我的想法吗？

师：哪位同学还有想法？你说。

生：我有个疑惑，根据小数加减法的竖式写法，不是应该相同数位对齐吗？怎么4和8对齐了呢？

生：因为我把2.8看成28，先算的是28×4，所以只需要把末尾对齐就可以了。

师：你觉得有道理吗？

生：我有个问题，既然先算 28×4，那为什么小数点点在这里？

生：先把 2.8 扩大到原来 10 倍变成 28，乘积也扩大到原来的 10 倍，然后再把积缩小到原来的十分之一才是 2.8×4 的结果，所以小数点要点在这里。

师：解释清楚了吗？ 谢谢这位"小老师"的精彩讲解，也感谢提出问题的两位同学。这个小组在计算 2.8×4 时是把 2.8 扩大到原来的 10 倍，先算 28 乘 4，根据因数与积的变化规律，积也会扩大到原来的 10 倍等于 112，所以要把 112 缩小到原来的十分之一，小数点从右往左移动一位，就是 11.2，小数点点在这里。同学们，这里的 28 表示的意义是什么呢？ 同学们看这里，把小正方形看作单位 1，平均分成 10 份，每份就是十分之一，2.8 就是这样的 28 份，也就是 28 个十分之一，乘以 4 是这样的多少份呢？ 28×4 等于 112 份，也就是 112 个十分之一，112 个十分之一是多少呢？ 把他们合在一起，位置交换下，仔细看，合在一起就是 11.2 元。

生：也就是 8 月份的水费是 11.2 元。

师：那我们来看这几种方法，你认为哪种最简便？

生：竖式法。

师：用竖式法计算小数乘整数时，我们是把小数转化成整数来计算的，体现了"转化"这一数学思想。

三、尝试

师：请同学们用竖式法试着自己解决第二个问题：8 月份的电费是多少钱？谁能把你的计算过程讲给同学们听。

师：这位同学根据乘法交换率交换两个因数位置来计算，这样更简便。

师：完成后我们再回头看这两道题，观察一下因数中小数位数和积中的小数位数，你们有什么发现？

师：因数中有一位小数，积中也有一位小数。那你们的意思是小数乘整数，因数中有一位小数，就要从积的右面起数出一位点上小数点，那如果因数中有两位小数呢？

生：因数中有两位小数，要从积右面起数出两位点上小数点。

师：小数乘整数，因数中有三位小数呢？

生：因数中有三位小数，也从积的右面数出三位点上小数点。

四、跟踪练习

师：根据上面的规律，请同学们完成任务单，快速地给这几道算式点上小数点，把算理讲给同桌听。

师：看来同学们对小数乘整数都有了自己的理解，那现在我们回顾一下刚才我们是怎样计算小数乘整数呢？先怎么样，再怎么样？小组内互相说一说。

师：好，根据同学们刚才的总结，我们知道，计算小数乘整数，先按照整数乘法的计算方法计算，再看看因数中有几位小数，就从积的右面起数出几位点上小数点。

师：用刚才的计算方法，请同学们按要求完成任务单上的内容。

五、拓展延伸

师：现在，请同学们计算 22.5×35 等于多少，相信同学们都没有问题！那你知道 2000 多年前的古人是怎样计算这道题的吗？2014 年，清华简的发布为我们揭开了答案。感兴趣的同学课下可以查阅资料了解一下。

教学成果篇

撰写教学论文，是中小学教师应该具备的职业技能之一。它对于探索教育教学规律，交流工作经验，推动教育研究和教学改革，都有着十分重要的意义。撰写教学论文，是中小学教师提高自身业务水平的途径和方法。在教学工作中，我撰写的论文《创设教学情境　激活学生思维》在《中华少年》上发表；论文《现代多媒体技术在小学数学教学中的作用研究》在《中国多媒体与网络教学学报》上发表。撰写教学论文，锻炼了我的思维能力，通过写作论证的过程，使我对教育现象和问题的看法更加全面深入，更加系统化，同时也有助于我发现工作中的疏漏，发现新的问题。

创设教学情境　激活学生思维

内容摘要：情境引入是数学中常用的一种重要的教学方法。情境创设得好，可以激发学生的学习兴趣，引发学生强烈的求知欲，使学生从学习一开始就处于乐学、愿学的状态中。因此，创设良好的教学情境不仅能使教师当好组织者、引导者与合作者，而且更有利于学生自主、合作和探究学习方式的培养，从而更好地实施新课程。在导入新课方面，创设教学情境的方法有创设故事情境导入新课，激发学生的求知欲望；创设实际问题导入新课，激发学生的学习兴趣；创设活动情境导入新课，促进学生合作意识和能力的培养。

关键词：创设；情境；激发

教学情境是与教学内容相联系的，由教师提供具体的活动场景和学习资源，用以激起学生的学习兴趣，从而提高学生的学习效率。在数学教学中，课题引入需要情境，情境创设得好，能够把学生带入一种真实的学习环境，能够让学生感受到知识与现实生活的密切联系，能够吸引学生积极地参与和主动地学习，从而使他们体味到数学的美和趣味，使他们体会到枯燥的数字中也有动人的故事。

一、创设故事情境导入新课，激发学生的求知欲望

数学故事、数学典故是古代劳动人民智慧的结晶，故事里面包含了深刻的数学道理及数学思想，有的反映了知识形成的过程，有的反映了知识点的本质，它们更接近学生的认知，符合学生的阅读水平及认知水平，学生更易接受。用这样的故事来创设问题的情境不仅能够加深学生对知识的理解，还能提高学生对数学学习的兴趣，提高学生对数学的审美能力。

例如,在学习《平面直角坐标系》这一章时,我先讲述了数学家笛卡儿曾对位置问题的深入探讨,当时他百思不得其解。不经意间他发现了墙角的一张蜘蛛网,使他的思路顿时豁然开朗起来。于是,在蜘蛛网的启发下,笛卡儿发明了平面直角坐标系。我引用这个故事教育学生要像笛卡儿学习,平时要养成善于观察、勤于思考的习惯。从而引入正题,怎样用网格来表示位置。

二、创设实际问题导入新课,激发学生的学习兴趣

兴趣是最好的老师。数学与实际生活是密不可分的,要让学生感受到数学就在我们身边,学习数学的目的就是为了解决实际问题。因此,创设实际问题同样能引发学生强烈的求知欲望,使他们能够积极地去学习。积极的情感会使学生对学习产生浓厚的兴趣,而这种浓厚的兴趣是直接推动学生学习的一种内部动力。因此,教师要把学生引入所提问题的情境中,触发学生产生探索未知事物的迫切愿望,促进学生的探索性思维活动。

例如,在学习一次函数时,我设计了这样一个问题:"全球通"要交月租费 50 元,另外每分钟通话费为 0.2 元;"神州行"不交月租费,每分钟话费 0.6 元。假设我每月通话 600 分钟,我该选择哪种业务?通过这个问题的提出,学生的兴趣被激发了,意识到只要学好了知识就能解决实际问题。

又如,在学习二元一次方程组时,为了使学生对二元一次方程组有整体的感知,一开始我是这样设计的:在 2004 年中超联赛中,共有 12 支球队参加比赛,记分规则是胜一场记 3 分,平一场记 1 分,输一场记 0 分,比赛结束后,某球队共参加比赛 22 场,平 6 场得 36 分,问这支球队胜负各几场?这里,通过运用学生感兴趣的中超联赛过渡到本节课的学习,用二元一次方程组来解答问题。

三、创设悬念导入新课,激发学生自主学习的热情

在引入新课时,依据教学内容创设制造悬念,也是创设教学情境的一种有效方法,通过创设悬念引起学生想解决问题的意识,提高学生学习的积极性,激发学生强烈的求知欲望,学生自主学习的意识会更加迫切。

例如,在学习实数这一章时,我先让学生猜一个谜语:有一种数很特殊,像

一篇读不完的长诗，既不循环也不枯竭，无穷无尽，永葆常新。诗人赞之为"有情人"，天长地久有尽时，此"数"绵绵无绝期，你知道这是什么数吗？这种富有诗意的谜语，把学生带入了一个优美的情境中，让学生感悟到无理数的特点，从而进入本章的学习。

四、创设活动情境导入新课，培养学生的合作意识和合作能力

"关注学生的经验和兴趣，通过现实生活中的生动素材引入新知，使抽象的数学知识具有丰富的现实背景，努力为学生的数学学习提供生动活泼、主动的材料与环境。"用游戏、活动的方式创设情境，能使学生感到趣味无穷、兴趣盎然。通过游戏、自主活动等培养了学生动手、动脑的能力，又培养了学生的合作意识，体现了在愉快中学习，在合作中竞争。

例如，在学习简单的概率这一节时，为了提高学生的学习兴趣，我问："谁认识骰子？来给同学们介绍一下？"一听"骰子"，学生的兴趣被激发，纷纷举手回答。我把事先准备好的骰子发给每个小组，让每个组的同学随便掷一次，观察朝上的面的点数是多少，各小组记录好，等学生完成后，我问："随便掷一次骰子，所有朝上的可能性有几种？朝上是六的可能性是多少？"这样，学生在轻松愉快的活动中，交流讨论，学习感悟。

作为教学活动的组织者，教师应对教学内容具有多种理解和认知，需要根据学生认知能力的不同，以情境创设的多样性去实现学生不同的学习选择，以多样化的交互去激活学生的主动性，为学生提供多种学习的起点和多条学习的路径，满足学生的学习需要。

现代多媒体技术在小学数学
教学中的作用研究

内容摘要:"新课改"提出,各学科应当加强多媒体技术在实践教学中的应用力度,以此来增加信息技术与教学活动的融合程度,逐渐实现现代化的教学方式。由此可见,将多媒体技术与学科课程进行结合是现代教育发展的必然趋势。

关键词:多媒体技术;小学数学;教学实践;实际作用

多媒体可以实现动态化的知识传递效果,不但能够改变传统教学模式中学生主体位置不明显的缺点,同时还能够使教学活动更加充满趣味,为学生提供别具一格的学习体验,进而在一定程度上促使学生学习积极性的提高。

一、将多媒体技术应用于小学数学课堂的必要性

数学课程包含了大量的数量运算、几何图形以及文字符号。为了帮助学生更好地理解知识内容,传统教学模式中教师不得不花费大量教学时间在板书上,这就在一定程度上导致了教师所占用的课堂时间较多,学生在学习过程中的主体位置很难得到体现。同时,由于小学生心智发育尚不成熟,很难长时间集中注意力,而教师在板书上花费的时间,无疑也是导致学生注意力分散的主要因素之一。而借助多媒体技术,教师可以为学生构建出一个更加生动直观的学习情境,借助各种声、光、色、形资源将知识的形成过程具体化,不但能够有效地调动学生的学习热情,而且还能够保证在课堂上与学生展开有效的互动,提高学生吸收新知识的时效性。故此,将多媒体技术应用于小学数学课堂,不仅仅是现代教育发展的必然趋势,同时也是传统教学改革的必经之路。

二、多媒体技术在小学数学课堂中的实际作用

(一)实施多媒体教学,凸显学生主体位置

在以往的教学活动中,教师作为课堂上唯一的学习信息来源,一切教学活动安排都是围绕着教师来进行设计的。而在开展多媒体教学的过程中,由于网络上有更加丰富的课程资源,教师需要做的就是在课堂上随时观察学生反馈的信息,根据学生的实际情况灵活调整下一步的教学方向,从而使学生在课堂中的主体位置得到凸显,保障学生学到更加符合自身发展需要的知识内容。

(二)实施多媒体教学,提升学生学习热情

小学生学习注意力不够集中、课堂上学习态度消极一直是困扰教师的主要难题之一,而这些现象主要是因为学生对数学学习的热情度不高。由于数学在各个学段都是较为复杂的一门课程,对于心智发育不成熟的小学生来说,很容易感到枯燥乏味,因此经常无法有效跟随教师的引导进行学习。而借助多媒体教学,教师可以提供给学生一个更加生动的教学环境。例如,在学习青岛版数学三年级上册第八课"美化校园——图形的周长"这一课时,教师可以在课堂上为学生播放视频课件,在一片由各种几何图形所构成的花池之中,模拟工人叔叔安装护栏的线路,并借助动态化的视图为学生演示不同图形的周长计算方法,从而借助色彩斑斓的图像课件刺激学生的感官,使学生能够将注意力集中在教学内容上。

(三)实施多媒体教学,提高学生知识吸收效率

数学知识本身具有较强的抽象性,特别是到了小学高年级之后,为了帮助小学生的学习思维方式由形象转化为抽象,教材中的知识点开始逐渐从简单的数量关系运算向几何与代数知识方面过渡,导致学习难度也随之呈现出梯度上升的态势。因此,为了帮助学生更好地理解数学知识,教师可以借助多媒体信息技术把教材中的一些抽象晦涩的内容转变为学生更加容易理解的知识模型。例如,在学习六年级上册第五课"完美的图形——圆"时,引导学生正确认识圆的面积公式与长方形面积之间的关系是教学的一项重难点内容,教师可以借助多媒体教学设备的演示,将圆形分割为越来越小的等分扇形,然后将其拼成趋

近于长方形的图形,进而借助长方形的面积公式"S＝长×宽"来帮助学生推导出圆形的面积公式,由此使学生逐渐掌握圆形面积的计算方法。同时,还能帮助学生更好地理解圆的半径、周长与其所组成的长方形的长、宽之间的关系,加快学生的思维转化效率,使其快速掌握数学核心素养中的几何直观思维能力。

(四)实施多媒体教学,增加课堂知识容量

数学是一门理论知识与实践演练并重的课程,只有借助大量的实践练习,学生才能够将所学的数学知识与现实生活联系起来,从而养成数学建模思维,并通过数学思想去思考生活中的实际问题。以往的数学课堂,教师十分注重学生的习题演练环节,由此也导致教师在进行讲解时需要耗费大量的教学时间在板书上,而学生实际接触的内容相对较少。借助多媒体教学,教师不仅仅可以借助投影仪等设备将一些习题内容直接呈现在学生面前,同时还能够借助网络中丰富的课程资源为学生展现出更多的知识内容。如此,不仅能够有效地节约教学时间,同时还可以根据学生的真实学习情况为其选择更为适合的学习内容,从而使教学效率得以提高。除此之外,由于信息数据易于传播的特点,教师还可以将课堂中一些具有代表性的内容加以整合,制作成错题集锦或者是知识重点集合的形式,将其上传到班级的交流群中,学生可以利用课余时间对其展开自主学习,从而促进学生综合能力的发展。

三、多媒体技术在教学过程中的实践应用途径

(一)课前资源共享,促使学生有效展开知识预习

课前预习一直是教师在教学活动中反复强调的内容,然而由于小学生的学习主动性较差,同时缺乏正确的学习方法,因此在脱离了教师指导的情况下很难有效开展预习。为此,教师可以将多媒体技术与教学内容进行整合,制作出直观易懂并且具有较强趣味性的教学课件,通过吸引学生的注意力来促使其展开自主学习活动。

例如,在学习五年级上册第四课"走进动物园——简易方程"这课时,教师可以结合计算机技术为学生制作一个简易的小游戏:结合特定的故事情境,如买糖、买水果等,将不同的数量关系与"x"共同放在天平上,学生需要根据情节

描述来不断移动天平两端托盘里的数字,以此来保证天平维持在平衡状态。如此,可以帮助学生初步了解方程知识,并通过具有趣味性的学习活动来增强学生的学习兴趣,使其能够主动对知识展开进一步探索。

(二)课中灵活使用多媒体设备,激发学生探究欲望

随着我国经济水平的不断提高,全息投影、微课课件、电子白板等一系列教学设备逐渐出现在学生的学习活动中。因此,教师在课堂上需要根据教学内容的不同,灵活选择并使用这些教学设备,在促进学生快速吸收知识的同时,也能够激发其对数学知识更加强烈的探索欲望。

例如,在学习"直线、线段、射线"等知识时,教师可以在课堂上借助全息投影设备为学生展示星空图,通过天边划过的流星轨迹、星座之间的连线、以星星为起点散发出去的射线光芒等形式,帮助学生分别掌握这三种线的基本特征。如此一来,不仅能够加速学生认知表象的生成,还能够在课堂上激发学生更加强烈的探索欲望,并帮助学生将数学知识与现实生活联系到一起。

(三)课后推广多媒体技术,加强学生实践能力

随着大数据时代的来临,掌握一定的信息技术手段成了每个人必须具备的一项技能。因此,教师在实践教学过程中不仅仅要借助多媒体技术开展教学,课后也需要引导学生积极使用多媒体技术展开学习实践,帮助学生完成一些较为复杂的学习内容。例如,在学习了六年级下册第五课"奥运奖牌——扇形统计图"这一课后,教师可以引导学生利用计算机去制作扇形统计图,并通过网络渠道搜集我国近年来在各种比赛中所取得的奖牌数量,以此锻炼学生的数据搜集与分析能力。

四、结语

综上所述,借助多媒体技术开展数学教学不仅能够提高学生对知识的掌握情况,同时教师还可以结合不同形式的多媒体技术分别在课前、课中与课后为学生开展丰富的学习活动,以此来促进学生综合能力的提升。

附录 1
生命中的"贵人"

2012年9月1日，为了方便照顾家庭，我调入新兴路学校工作。徐玉英老师是这个学校的优秀教师，也是年轻教师的导师，在老师们心目中威信特别高，她心地善良、待人真诚，关爱每位学生。我在这里成长的每一步都离不开她的关心、指导和帮助。

徐老师的故事

　　"备好每节课,上好每节课,批改好每份作业,教好每个学生。"徐老师凭着这种坚定的信念,在自己的岗位上默默奉献,辛勤耕耘,把自己的全部精力都放在学生身上,不让一个学生掉队。"一分耕耘,一分收获。"徐老师多次被评为先进工作者、优秀班主任、优秀共产党员、优秀教师、教学工作先进个人,她的课多次在山东省优质课评选中获一、二等奖,多篇论文在山东省教育科研成果评选中获一、二等奖。

　　作为一名党员,徐老师处处以党员的标准严格要求自己,吃苦在前,享受在后;立足本职工作,敬业爱岗,无私奉献,廉洁自律,为人师表。

　　作为一名语文教师,徐老师努力钻研业务,以扎实的教学基本功赢得学生的认可。她努力掌握最先进的教育教学理论和现代化教学手段,认真学习新课程理念,潜心钻研业务,不断丰富自己的教学经验,努力提高自己的教学水平。她以学生为本,面向全体学生,树立"让学生今日学习,终身受益"的教学理念,秉持教师终身学习的思想,用扎实的教学基本功赢得学生的信赖和认可。语文课上,徐老师声情并茂的朗读、深入浅出的讲解、幽默诙谐的语言、信任鼓励的眼神以及和蔼可亲的态度,都吸引了学生的注意力,调动了学生的多种感官,让学生在轻松愉快的学习环境中获得知识,发展思维。徐老师的每堂课都能做到授课灵活多变,使学生通过丰富多彩的课堂教学感受到语言文字的魅力和大自然的神奇,从而循序渐进地培养学生学习语文的兴趣,激发他们的求知欲和好奇心,最大限度地调动他们学习的积极性,使学生变苦学为乐学,变要我学为我要学。徐老师在加大课堂容量、提高课堂教学效率的同时,努力减轻学生的课业负担,根据学生的实际能力和个性差异实行分层教学法,分层布置作业,让每位学生都能发挥自己最大的潜能,努力做到不让一个学生掉队。

作为一名管理者,徐老师尽职尽责,教学和管理工作扎实有效。虽然工作辛苦,任务繁重,但她从不说苦叫累,总是有计划、有步骤、合理地分配时间,科学地安排自己的工作,最大限度地提高工作效率。白天能干的不拖到晚上,今天必做的不等到明天,既能很好地配合学校领导做好整个学校的教育教学工作,使教学工作有条不紊,又能把班级工作开展得扎实有效。她担任班主任工作20余年,无论教哪一个班,徐老师都是"爱"字当头,"责"字为重,全身心地投入,用自己的品质言行影响学生,用自己的人格魅力感染学生,用自己的进取意识和奉献精神熏陶学生,使学生在这种良好的氛围中潜移默化地成长,从而形成健康向上的人格和奋发进取的精神品质。多年来,在教育教学中,徐老师不仅重视对学生知识的传授,更重视学生整体素质的培养;她不仅教会了学生求知,更重要的是教会了学生怎样做人。担任政教处主任以来,她认真探索学校德育工作的规律,不断创新德育工作方式,组织开展了丰富多彩的教育活动,提升了学校的德育工作水平,为创建市级、区级德育特色学校做出了自己的贡献。

作为一名导师,徐老师无私帮带,为青年教师搭建成长的平台。作为骨干教师、教学能手,她精心钻研业务,不断加强自身学习,在努力提高自身能力的同时,注意总结工作中的实践经验,并及时把自己的成功经验分享出去,用实际行动、人格魅力、工作热情影响周边的人,充分发挥学科带头人的组织协调能力,最大限度地调动自己所在集体其他成员的积极性,增强团体凝聚力、战斗力和创造力,真正发挥了学科带头人"传、帮、带"的先锋模范带头作用。与年轻教师共同研究教材,探讨教法,互相听课,认真评课,毫不保留地将自己的经验体会介绍给年轻教师,并多次上公开课或示范课,使年轻教师的业务水平和课堂教学能力有了大幅度的提高。

作为一名创新型教师,徐老师改革创新,让特色在科研中精彩。自2001年以来,她参加了小学语文教材教法研究小组,承担了"五段式作文法"实验课题;2007年3月,她主持的省级"十一五"科研规划课题"中小学阶段学习困难学生辅导策略研究"历时三年,于2010年3月19日在济南通过专家鉴定顺利结题;2008年主持开展的"小学语文单元主题学习有效性研究"在区教研室和学校领导的关心支持下,于2011年6月19日经区科学规划领导小组办公室组织专家鉴定,顺利结题。

在我的成长路上,徐老师时时指导、鼓励我,每次参加各项活动,总是能听到她对我说"好好准备,一定行"。正是这种鼓励和支持,我每次参加活动时都不敢怠慢,认真准备,只要徐老师说行,我就信心倍增。

2019 年 9 月 1 日,我有幸和徐老师搭班,她教我们班语文,这帮孩子和家长可高兴坏了,更甭提我有多开心了。我们俩齐心协力管理这个班级,在办公室,我们谈论最多的就是每个孩子的变化、成长以及存在的问题。

每天早上,我来到教室时,徐老师已经在教室和孩子们一起打扫卫生了。每个孩子都喜欢早早到校,和徐老师一起开启美好的晨诵。就这样,我们愉快地合作了两年。两年来,孩子们的语文素养提高了很多。2021 年 7 月,徐老师要退休了,听到这个消息时,孩子们哭了,从心里舍不得徐老师,舍不得徐老师对自己的关爱。在徐老师给孩子们上的最后一节课上,在场的每位老师、家长、孩子都哭了,有的孩子抱住徐老师说:"徐老师,谢谢您对我们的教导,我舍不得您……"

徐老师退休后,每次孩子们考试前,徐老师都会通过微信语音给他们送来美好的祝福和希望,鼓励他们好好学习,沉着冷静答题,给他们信心。在这帮孩子小学阶段的最后一个"六一"儿童节,我们邀请徐老师来教室一起过节,徐老师给孩子们带来了礼物,欣赏了他们精彩的演讲。徐老师还参加了孩子们的毕业典礼,和他们一起圆满完成了小学的学习。

孩子们眼中的徐老师

我最喜欢的老师

焦扬然

我有一个很喜欢的老师。她长着细细的眉毛,那炯炯有神的大眼睛好像在诉说着什么,高高的鼻梁下,有一张能说会道的樱桃小嘴,棕黄色的头发高高地扎成了马尾,永远都是那么精神!哦,对了,忘了告诉你们,她就是我的语文老师——徐老师。

徐老师十分爱关爱同学。记得在三年级下学期时,我们班有个同学十分顽皮,喝完奶就往外跑。可他刚出去一会儿就回来了,一脸难受地坐在椅子上,不知道怎么了。突然,只听哇的一声,这个同学吐了。同学们有的捏着鼻子向外跑,有的在教室里大声喧哗,还有的同学去叫老师。这时徐老师快步走了过来,先是问问这个同学还难受吗,等到他没事儿了,徐老师拿来抹布,把呕吐物打扫干净。我们问徐老师累不累,她回答:"不累不累,这都是小事儿。"但我却看徐老师脸颊上有汗珠,后背的衣服都湿透了。

徐老师不仅关心同学,而且很善解人意。有一次,窗外下起了大雪,望着白花花的雪,有谁不想出去玩儿呢?这时徐老师来上课,她看我们有些心不在焉,猜出了我们的心思,于是就让我们到窗边欣赏雪景。

这就是我最喜欢的老师,她是一只红烛,为我们献出光和热;她是一位园丁,为我们的成长操心。我想对徐老师说一声:"徐老师,我爱您!"

"漫画"老师

李墨轩

我喜欢我的语文老师——徐老师,她长着长头发,弯眉毛,高高的鼻梁,小小的嘴巴,瓜子脸,尖下巴,一双炯炯有神的大眼睛,透着智慧的光芒,像极了漫画里气质优雅的女性。她经常挂在嘴边的一句话是"不动笔墨,不读书"。

徐老师非常善解人意。有一次她上课时,我身体很不舒服,但又不敢说。老师仿佛看透了我的心思,问道:"李墨轩,你不舒服吗?"我点了点头,老师赶紧给我妈妈打了电话,并密切关注我的身体情况,直到家长到来。这件事深深打动了我,让我铭记于心,我发誓要做徐老师一样可敬的人。

还有一次,刚上完课间操回到教室,我们班有个同学吐了,顿时酸臭气向周围弥散开来,同学们都不愿意靠近"现场",躲得远远的。不一会儿,就看见徐老师急匆匆赶来了,用湿毛巾将那位同学的脸和手擦了一遍,然后开始清理呕吐物。整个过程徐老师没有丝毫的嫌弃,就像妈妈对待自己的孩子般细心、贴心。

这就是我的徐老师,关爱同学,善解人意。

我最喜欢的老师

王浩宇

自从转到新兴路小学以来,我遇到了很多非常喜欢的老师,其中,我最喜欢的老师还是徐老师。

徐老师喜欢穿中式衣服,比如旗袍,她不但穿得好看,讲起课来也生动有趣。

徐老师有一头乌黑亮丽的头发,眼睛炯炯有神,看起来非常和蔼可亲。

徐老师非常关心同学。记得有一天,天气非常恶劣,下着大雨,我迷失在茫茫人海中,找不到家长。突然,一只手把我从人群中拉了出来,是徐老师,她亲切地问我:"你的家长呢?"我说:"我找不到家长了!"随后,徐老师用手机给家长打了电话,顺利地把我送回了家。

幸福的时光是短暂的,徐老师马上就要退休了。那天,徐老师来给我们上最后一节课。当徐老师进来的时候,我们全体同学站起来,说:"感谢您一路相伴,徐老师,我们永远爱您!"

啊!徐老师,您就像一根蜡烛,照亮我们向前的路。您那熟悉的背影,无时无刻不出现在我的脑海里,徐老师,我永远爱您!

写给徐老师的一封信

亲爱的徐老师:

你好!

时光匆匆,转眼间您退休已经快一年了,但是那些珍贵的回忆,像放电影一样闪现在我眼前……

四年级的时候,我还是一个淘气的孩子。刚见到您时,您和蔼地说:"同学们好!"当时我就想,这个老师好温柔啊,以后上她的课,我可以尽情地玩儿了。但很快您就让我见识到您的严厉。有一次,我上课交头接耳,您一下子变了脸,把我叫出教室,大声地批评我:以后上课要认真听讲!以后再上您的课,我收敛了很多,专心听讲,成绩也慢慢地提高了。平时同学们聊起您,都由衷地佩服您的教学水平,佩服您讲课时的绘声绘色,佩服您对同学的启发和引导。在您的教导下,我参加了"妙笔生花"作文比赛,还得了一等奖呢。徐老师,是您改变了我,把我从一个淘气的孩子变成了一个好学生。

徐老师,关于您的记忆太多太多:难忘您带给我的快乐,难忘您带病坚持给我们上课,难忘您那工整清秀的字体,难忘您看到我们取得好成绩时欣慰的笑……教我们知识,教我们做人,遇到您这样的好老师,我真幸运,您的教导我会深深地记在心里。

　　祝您身体健康!万事如意!

您的学生:郗浩宇
2022 年 5 月 13 日

附录 2　印象

在孩子眼中，我时而温柔，时而严厉……
在家长眼中，我认真负责，德艺双馨……
在同事眼中，我待人真诚，乐于助人……

学生眼中的我

情浓意深　师恩无限

朱师瑶

有一种情，它没有友情那样"海内存知己，天涯若比邻"的感召，也没有亲情那样"谁言寸草心，报得三春晖"的眷恋！可是，它别有一番风味在心头。

"尺子一把，心中自有曲直；粉笔几支，眼前早有横竖。"说的就是您，我最敬爱的张老师！我这样的直抒胸臆你能否感觉得到？或许，我错了。我应该用更好的方式表达我对您的感情。但汹涌澎湃、激扬洒脱，不是您的风格。因为默默无闻是您的特征，无私奉献是您的坚守。

我的老师，大家说您像园丁，可我更觉得有时您像母亲，有时您又像朋友。但无论像什么，您的关爱都是那么真挚，那么无微不至。

我的老师，您记得吗？那一天，您在我们晨读课时进了教室，转了两圈后，觉得有哪里不对劲。思考须臾，您突然走到门口打开了灯，班里顿时亮了起来。那一刻，您深深地触动了我。我猛地想起，我晚上在家做作业时，父母也会悄无声息地打开灯。原来，老师和父母都在传递着一份默然却又永恒的关爱啊！常常看见您开导遇到困难的同学，您用满满的爱心，滋润稚嫩的幼苗；您用细细的询问，解决我们的困难；您用谆谆的教诲，指引我们前进的方向。您不仅教给了我们知识，还教会我们怎么做人。

我的老师，您累吗？作为小学毕业班的班主任，您放弃休息时间，放弃陪伴孩子的时间，一遍遍地为我们细致耐心地解答那些难懂的问题，脸上一直挂着您那专属的微笑。在我眼里，您的心更加难懂，因为劳累从未出现在您的脸上，您真的不累吗？当我取得优异成绩时，我才明白，您用行动践行着"春蚕到死丝方尽，蜡炬成灰泪始干"。

我的老师，您还记得吗？四年级的时候，您组织了一次有意义的社会实践活动——摘苹果，让我们深深地体会到了农民伯伯的辛苦和丰收所带来的乐趣。去年冬至，为了让我们充分了解中国的传统文化、了解二十四节气，您组织的"温暖的心——包水饺"比赛，让我们感受到了浓浓的节日温暖，弘扬了中国的传统饮食文化，还培养了我们的动手能力，促进了同学间的沟通，增进了同学间的友谊，同时增强了我们的团体协作精神。

老师，多么悦耳的名称，多么神圣的职业。老师啊，是您伴我们度过了春夏秋冬；老师啊，您是知识的摆渡者，让我们在知识的海洋里遨游，把我们送到理想的彼岸！谢谢您，张老师，您是我人生中最美的点缀。

令公桃李满天下，何用堂前更种花。

老师，我想对您说

吕奕璇

亲爱的张老师：

时间过得好快，一眨眼，小学生涯即将结束。教过我的老师不计其数，但您，是唯一一个伴随我们走过这五年的老师。

老师，一个多么神圣的词语，曾经的我却忽略了它的含义。您为了教我们知识和做人的道理，付出了多少汗水。老师，您辛苦了！

张老师，您是一位认真负责的好老师。您耐心辅导我们，使我们的成绩慢慢提升上来。暑假期间，您更是放弃了自己宝贵的休息时间，为我们出题、批改作业。老师，您辛苦了！

张老师，感谢您五年来的默默付出，以后，我们会加倍努力，一定不会辜负您对我们的期望，一定不会让您失望！

门外花朵的芳香飘进我的心扉，一年一度的毕业季即将到来！

祝您身体健康、桃李满门！

我心中的她

张智涵

每个人的心中都有自己崇拜的人，那这个人是谁？是你的父母？还是你的同学？而在我心中，一直有一位善解人意的老师，她就是我崇拜的人，她就是我小学的数学老师——张老师。

张老师是我最喜欢的老师了，她温柔、开朗，是我前进的"指南针"。张老师的皮肤白白的，有一双会说话的大眼睛，每当我们表现好时，张老师的眼睛就会盛满了笑意看着我们。

我记得有一次期中考试，题目非常简单，我本以为这次又能取得一个好成绩，没想到发下试卷来，却看到"72"这个鲜红的数字，我的心一下子凉透了。所以，那段时间我不与同学交流，上课也不认真听课，心情极其糟糕。当时，我都不敢面对张老师，觉得对不起她，送作业不敢送，遇见她也不敢打招呼。一时间整个人都颓废了。

张老师似乎看出了我的心思，便把我叫到她面前，耐心教导："失败是成功之母，虽然这次考试不理想，但也不是最后的考试！学习，相当于人生的十字路口，有很多选择，你不会，可以来问老师，老师来教你，不要躲着老师。要想学习好，就要脸皮厚一点，不会就问，老师很欢迎你！你要重新振作起来！"听到这，我的眼泪止不住地往下掉，我想：当全世界都放弃我的时候，我要记住，张老师没有放弃我！我一定要好好学！从那时起，我骨子里就有一种干劲儿，那就是我学习不为别人，就为我自己！经过半学期的努力，在期末考试来临之时，我又重新找回了以前的自己。幸好，努力没有白费，我取得了令我自己满意的成绩！

失败是痛苦的。当我品尝到失败的苦果时，心情极其糟糕，不知如何是好。是张老师及时引导我正确地面对失败，让我学会了战胜自我！我感谢张老师，她是我永远的老师，是我崇拜的人。

写给张老师的一封信

尊敬的张老师：

您好！

大家都说老师像一支蜡烛，照亮我们前进的道路，让我们茁壮成长。我觉得您更像一名伟大的园丁，辛勤培育着遍地怒放的鲜花。

这周您去外地学习，我们都非常想念您。以前每天上数学课前，作为数学课代表的我都会来到您办公室，向您请教当天的学习计划。但这一周，我几次来到您办公室门前，推门的那双手却僵住了，猛然想起今天的数学课不上了。有时路过您的办公室，看到堆满试卷的桌子，空荡荡的椅子，我不禁想起了您那和蔼可亲的笑容。

记得还有一次，我数学单元考试成绩不理想，您不但没有批评我，反而把我叫到办公室，耐心地给我讲解错题，分析出错原因，并告诉我正确的做题方法以及检查技巧，最后还鼓励我不要丧失信心，下次加油！张老师，您的每一次微笑对我都是莫大的鼓励。

张老师，您是一位认真负责的好老师。这周您虽然身在外地，但时刻牵挂着我们的数学学习。外出前，您精心给我们安排好每天的数学作业。您在外面一定很辛苦，很忙碌，但仍坚持每天在钉钉上为同学们批改作业。有您这样认真负责的好老师，我们无比幸福！我们盼望着您早日回来。

祝

身体健康，工作顺利！

您的学生：邱靖瑜

2020 年 12 月 4 日

认真严谨的张老师

邱靖瑜

星期五上午，作为数学课代表的我，照例去张老师办公室询问本日的学习计划,顺便帮张老师拿一下她的"武器"。进门一看,只见张老师面前摆着一本写得密密麻麻的备课本,班里的一位同学手中拿着试卷满脸通红,低着头不敢看张老师。

这究竟是怎么回事呢?还得从昨天的数学课说起。

昨天数学课上,张老师把上次考试的卷子发下来了。张老师总结道:"有同学得了满分,另外还有一大部分同学成绩优异,成绩与平时的努力是密不可分的,有几位同学成绩直线上升,值得表扬。但有几位同学成绩不理想,希望同学们继续加油。"班里有位同学平时成绩很好,但这次只考了 95 分,他有些闷闷不乐。

下课了,同学们都成群结队地去上体育课,唯有那位同学望着试卷发呆。突然,他灵机一动,心想,我不就少写了一个"0"吗?如果添上一个"0",我也是满分。他说干就干,拿起笔在"3"的后面添了一个"0"。改完试卷,欢天喜地地去上体育课了。

周五课间,那位同学拿着试卷去找张老师改分数。没想到张老师拿出了自己的"武器"——备课本,上面认真工整地记录着每位同学的错题。那位同学顿时哑口无言,便出现了开头的一幕。

原来,张老师每次考试后都会认真进行考试分析,统计错题人数,分析原因,确定今后的教学重点。

张老师真是一位认真严谨的好老师。

我心目中的张老师

李和硕

张老师是我心中的"超人"。作为班主任的她超有气场,再调皮的同学都能被她镇住;作为数学老师的她超有能力,不让一个同学的数学掉队;作为大朋友的她超有魅力,是我向往和敬重的良师益友。虽然张老师只教了我一个学年,但她对我的影响却一直影响着我的学习和生活。

张老师在做我们班主任前,我们班的课堂气氛不太好。上课吃东西、做小动作的同学很多,课堂上死气沉沉的。张老师来了后,课堂气氛有了明显改善。

上课时张老师看到有同学做小动作，不会当面批评，而是轻轻地走到他身旁，拍拍他的肩膀，说："同学，请帮同学们讲一下这道题吧。"那位同学红着脸，说："老师，我不会。"张老师会让他坐下，并让他下课后去办公室。下课后，老师再向他说明认真听课的重要性。久而久之，我们班不但课堂气氛变好了，同学们的学习态度也有了很大的改善。张老师用温和的方式，守护着我们的成长。

张老师的教学能力非常棒。我们班的成绩原来不是很好，但自从张老师来了，我们班的成绩发生了翻天覆地的变化。新学期刚开始，张老师就告诉我们要认真、诚实地对待每次练习，这样考试时才能发挥出应有的成绩。张老师还有一个超级厉害的方法，就是让所有同学轮流讲题。不会讲就去问，能讲出来就会做了。张老师用她独特的教学方法带领我们班从年级倒数冲进年级前几名，尤其是数学成绩，得到了很大的提升，很多成绩落后的同学也都赶了上来。

张老师既是我们的良师，还是我们的益友。在平时的生活中，她就像我们的大朋友一样关心、爱护我们。校园运动会时，有的同学要比赛了，老师就让志愿者同学给运动员发巧克力；有的同学比赛取得了好名次，张老师会拥抱并恭喜他；有的同学比赛失利，张老师会亲切地鼓励和安慰他。张老师对我们的关心和温暖无处不在。

正是因为有了张老师对我的教导和无微不至的照顾，才成就了今天的我。在初中的学习生涯中，每当遇到挫折或取得了成绩，我就会想找张老师分享。张老师，您永远是我的"超人老师"。

家长眼中的我

写给张老师

田子墨家长

我是 2017 级 2 班田子墨的家长,孩子的五年小学生涯结束了,非常荣幸我的孩子能成为张老师的学生,能遇见这么好的老师。

张老师是一位特别真挚、和善、朴实、责任心强的老师。在张老师的带领下,2017 级 2 班成为一个既团结又温暖的大家庭。五年里,每个节日张老师都会给孩子们精心策划班级活动,从未间断。通过每次活动,都可以看到孩子们的进步和每个孩子身上的闪光点,给孩子们的小学生活留下了宝贵的经历和美好的回忆。

张老师对待学生十分有耐心,"加油""你很好""你最棒""老师相信你"都是张老师常常挂在嘴边来鼓励孩子的话语,短短的几个字,给了孩子信心和力量,激励孩子不断进步。张老师对每个学生的关爱都是无微不至的,无论是学习上还是生活上,像妈妈一样为孩子操碎了心。在忙碌的工作之余,张老师还会及时跟家长沟通孩子在学校的学习生活情况。记得我的孩子在最后复习阶段比较浮躁,张老师及时与我们沟通,通过老师和家长的配合,孩子很快调整了状态。孩子的每一次进步、每一次成长都凝结着张老师的心血和汗水,包含着张老师无私的教导和关爱。

吾儿何其幸,在他的小学生活里遇到如此优秀的好老师。作为家长,我衷心地感谢张老师,感谢她的一路相随和辛勤付出。

遇见张老师

马潇逸家长

不知不觉,到了和张老师说再见的时候了。五年,短暂又漫长,有限的时间却承载着孩子们珍贵的成长回忆,足够用一生去回忆……

作为五年级二班的家长,很感恩遇到我们的班主任张丽老师。张老师让家长百分百信任她,让家长也有了班集体的荣誉自豪感。我们的二班,是在她的用心呵护下,才成为一个温暖、有爱的大家庭,让每个孩子阳光、自信地茁壮成长。

作为班主任,张老师的教学理念,是我们家长所认同的"以活动促成长"。正是这种工作理念,让二班的班级生活丰富多彩,让孩子们在书写、口才、作文、文体表演、劳动实践等方面都得到了充分的锻炼。在教学方面,张老师也有着过硬的本领,有独到的工作方法,她让孩子们喜欢学数学,毕业时也取得了满意的成绩。一切硕果,自然是因为张老师的教育情怀,五年如一日的坚持与无私奉献,张老师总是把二班的孩子放在首位,舍弃小家顾大家。

文字无法完全表达对张老师的谢意,孩子们可以遇到如此有教育情怀、有教学能力、有组织领导力的张丽老师,是我们家长和孩子一生的幸运。愿孩子们可以带着张老师的这份爱,继续前行!

值此教师节来临之际,也祝愿我们的张老师工作顺利,身体健康,前程似锦!

教学能手——张老师

邵明睿家长

初识张老师是在孩子刚入学后的第一次家长会上。会上,她优雅大方的谈吐、幽默的语言充满了对每位孩子的欣赏与肯定。从她的眼神中,我们家长更是看到了希望。

回首五年来,每个学期,张老师都会用心地为孩子们策划各种集体活动,如书法比赛、诗词朗诵、才艺展示、外出研学等,让孩子们在活动中感受到集体的力量与自我的价值。"让每个孩子都有展示自我的机会",张老师说了,更是做到了。每次活动,她都鼓励孩子们主动报名参赛、主动承担活动角色,让孩子们在活动中懂得担当与责任,让孩子们在活动中健康、快乐、幸福地成长。

"经常搞活动,耽误了孩子学习怎么办?"家长的担忧是多余的,孩子们的学习成绩证明了这一切。五年来,每次的大考、小考,张老师带的这个班都是年级第一。张老师在学生管理上更是有一套,她思维敏捷,责任心强,更重要的是她用爱积极引导每个孩子,通过各项活动挖掘孩子的潜能,激发孩子的学习探索欲,利用这些灵活的、科学的、合理的教学形式,真正诠释了什么是寓乐于教,让每个孩子在这个过程中将自身的潜力发挥到极致。

平凡中的伟大

茹千溪家长

记忆的帷幕缓缓地拉开,点点滴滴的记忆,涌上心头。

张老师是孩子小学的班主任,也是他们班的数学老师。记得孩子刚上一年级的时候,什么都不熟悉,什么也不懂。张老师担心孩子们磕着碰着,下课后,她就会出现在教室里,提醒孩子们喝水,带孩子们上厕所,教孩子们准备上课的用品。孩子们有任何问题都喜欢找她,她就像"超人",帮助孩子们解决问题。

这五年来,张老师不仅在生活上关心爱护孩子们,在教书育人方面更是楷模。

张老师对待教学,可谓是一丝不苟,她把一个教师的使命体现在每项教学工作上,不论何时何地,她始终把教书育人放在第一位,没有抱怨。她常说一句话:"我是一个人民教师,我还是一个党员,提升教学质量,增加才干,勇于担当,为国家培养好下一代,是我的初心和使命。"

张老师,您用自己的行动诠释了自己的教育情怀。五年来,张老师不仅抓学习成绩,关心孩子的健康成长,更注重孩子的综合素质,让孩子德智体美劳齐头并进。每个学期,张老师都会举办高质量的作文比赛、华容道比赛、书法比赛,还有家长参与的诗歌朗诵和讲故事比赛等,极大地挖掘了孩子的潜能,增强了孩子的自信,也让家长参与到教育中来,把班级建设成了一个和谐的、成长型的班集体。孩子们在这样的班集体中,学到了很多受益一生的能力,更加自信地走向自己的美好未来。

遇一良师 何其有幸

刘梦辰家长

提笔酝酿了很久,但真的要把这些话落在纸上的时候却觉得一切话语都显得微不足道,不足以表达我作为一名学生家长对张老师的感谢。

2022年9月,我的孩子升入五年级,马上面临小升初。我和所有的毕业班家长一样,内心有些焦虑与紧张,能否给五年的小学生活画上一个圆满的句号,这一年非常关键。

当我第一次听说班主任是张丽老师的时候,心里的一块大石头终于落地了,那种踏实感是没法用语言来形容的,特别是当身边好几个同事都对我说,遇到张老师你们真的太幸运、太幸福了！我就觉得和中了大奖一样,发自内心地替孩子高兴。

时光不语,却能回答一切。短短一年的时间,老师和孩子建立了深厚的感情,张老师实心实意地带着这47个孩子披荆斩棘,一路奔跑。为了给孩子们鼓劲,做操比赛的时候张老师站在队伍最前面;运动会的时候自己掏钱买道具,放弃休息时间设计别出心裁的开幕式出场。

张老师最难能可贵、最让我们家长感动的是对任何孩子都是一视同仁,永远都在鼓励孩子,不让任何一个孩子掉队,也一直在鼓励我们家长,给整个班集体加油打气。其实,我们心里都知道张老师刚刚接这个班的时候,班级的整体成绩并不是很优秀,她的压力应该是非常大的,她也应该遇到过很多困难,可她总是很乐观积极地面对一切。我们家长遇到不会的问题随时都可以给张老师留言,再忙再累她都会耐心讲解。孩子们总豁然开朗,数学也变得不再枯燥,孩子们对数学也越来越有兴趣。

一年的时间过得好快,孩子们还没有和张老师待够,就要毕业了。这一年,不管是孩子还是我们家长,都收获了很多。最值得骄傲的是,这一年在张老师的带领下,孩子们的小学生活画上了一个圆满的句号。感谢、感恩的话都在心里,永远不忘师恩。

张老师是真正的师者,在我们家长心目中,您是最好的老师！

同事眼中的我

名师引领　共赴成长

公　静

张丽老师是我们数学学科的领头人，带领我们在小学数学这片沃土潜心钻研，共做小学数学教学的深耕者。

张老师是一位潜心钻研、精益求精的引路人。记得我们团队在接到对青岛版小学数学"小数的意义"这一单元进行教材修订这一工作时，张老师带领工作室成员聚在一起，查资料、探讨问题，一次次的交流碰撞、一次次的热烈探讨，既让我们对知识有了系统的认识，也收获了欢声笑语，圆满地完成了任务。

张老师是无私助人的指导老师。自成立张丽名师工作室以来，我们工作室成员都得到了张老师的倾心指点。无论是课程的设计还是整节课的打磨，无论是说课比赛还是讲课录课，张老师都耐心指导，一遍遍修改、打磨，直到满意为止。记得我在参加讲课比赛时，是张老师一点一点指导我备课、制作课件、手写详案，然后又一遍一遍地磨课修改，又开车陪我去参加比赛。在讲课前张老师帮我分发学具，整理分组，甚至在讲课前一分钟还在提醒我课堂上需要注意的问题，最终我取得了比较满意的成绩。

张老师是具有教育情怀的优秀老师，是值得我学习的榜样。张老师所任教的班级管理有方，活动不断，让学生在活动中得到锻炼，收获成长。通过观察，我发现她对学生的爱始终是与对学生严格要求相结合的。爱中有严，严中有爱，张老师平等地对待每个学生，尊重每个学生的人格，对学生的学习丝毫不松懈，才能在每次考试中都能取得优异成绩。

作为教师,张老师的课堂思路清晰,教法准确,发挥了骨干教师的带头作用;作为班主任,她善于发现每个孩子的闪光点,挖掘孩子的潜力。在张老师身上,充满了勇于探索的进取精神和永不懈怠的敬业精神,她是永远值得我学习的榜样。

守初心 铸师魂

郑春爽

有人说:"一切最好的教育方法,一切最好的教育艺术,都产生于教育对学生无比热爱的炙热心灵中。"张老师深深地爱着她的学生们。

时光荏苒,张老师已站在讲台上二十几个春秋,我有幸与张老师搭档一年,见证了她怀着一腔热情,用自己的知识、智慧、人格引领着学生们一同成长,并肩前行。

张老师作为班主任,勤勤恳恳,任劳任怨,对学生的教育耐心细致,使班级形成了强大的凝聚力和向心力。在班级管理上,她关心学生、爱护学生、尊重学生、保护学生,以她自己的热情和坚定意志,来激发学生的热情和参与意识。

爱学生就要了解学生,包括对学生的身体状况、家庭情况、学习成绩、交友情况的深刻了解,这也是张老师的工作常态。为了了解学生,课间、中午休息时,张老师经常深入班级,了解学生的在校表现。时时处处的关心,使每个学生都能感受到来自张老师母亲般的温暖。春秋季气候干燥,张老师会给学生涂抹亲手熬制的蛋黄油;新知识掌握不好,张老师会牺牲自己的业余时间逐一讲解,单独辅导……

张老师的爱,无处不在,诠释了她对教育事业的热爱和执着。她所带的班级不但成绩好,而且纪律严、学风正,赢得了同事们的赞誉。

名师典范

吕美芳

人的一生会遇到很多人,能帮到自己的都是人生的贵人。张老师就是我事业上、生活中的一位贵人,是我特别感恩的人。

2017年9月,我有幸与张老师进行师徒结队,张老师成了我的师父,从那一刻起,张老师就是我事业上的指引者、生活中的大姐姐。张老师在教学上、班级管理上、生活中,都对我的帮助很大。

我从初中教师转变为小学数学教师,在最初的两年中,我不懂如何教小学生,不懂如何管理班级。张老师在教学上给我布置任务,指导我上课,我边听张老师的课边学习记录,这样过了一段时间后,我上课就很顺了。当有讲课比赛的机会时,张老师鼓励我报名参赛。我取得的每项荣誉,都离不开张老师的鼓励和帮助。

所在班级的学生出现问题时,我都是询问张老师,张老师都会耐心地给我指导。张老师的班级举行什么班级活动,我也跟着学习。在跟学的过程中,我不断成长进步,慢慢地也能独当一面,我的工作获得了家长的认可与好评,我也取得了区级优秀班主任的荣誉。

生活上,张老师就像大姐姐一样,我做的不对的地方、欠妥的地方,张老师都会给我教导,让我少走弯路。我非常感谢张老师的指导与帮助,让我找到了自信,获得了成功。

我们要常怀一颗感恩的心,感恩每一位引导我们的人,记住每一位帮助过我们的人。因为懂得感恩的人,才能得到更多的帮助与支持,学会感恩,才能找到幸福的源泉。张老师是我一辈子都要感谢的人!